Uwe Hemmers

Qualität und Dokumentation in der Krankenhausseelsorge

LAMBERTUS

Laden Sie dieses Buch kostenlos auf Ihr Smartphone, Tablet und/oder Ihren PC und profitieren Sie von zahlreichen Vorteilen:

- **kostenlos:** Der Online-Zugriff ist bereits im Preis dieses Buchs enthalten
- **verlinkt:** Die Inhaltsverzeichnisse sind direkt verlinkt, und Sie können selbst Lesezeichen hinzufügen
- **durchsuchbar:** Recherchemöglichkeiten wie in einer Datenbank
- **annotierbar:** Fügen Sie an beliebigen Textstellen eigene Annotationen hinzu
- **sozial:** Teilen Sie markierte Texte oder Annotationen bequem per E-Mail oder Facebook

Aktivierungscode: uhkh-2024

Passwort: 5587-3996

Download App Store/Google play:

- **App Store/Google play** öffnen
- Im Feld **Suchen Lambertus+** eingeben
- **Laden** und **starten** Sie die **Lambertus+ App**
- Oben links den Aktivierungsbereich anklicken um das E-Book freizuschalten
- Bei **Produkte aktivieren** den **Aktivierungscode** und das **Passwort** eingeben und mit **Aktivieren** bestätigen
- Mit dem Button **Bibliothek** oben links gelangen Sie zu den Büchern

PC-Version:

- Gehen Sie auf **www.lambertus.de/appinside**
- **Aktivierungscodes** oben anklicken, um das E-Book freizuschalten
- **Aktivierungscode** und **Passwort** eingeben und mit **Aktivieren** bestätigen
- Wenn Sie Zusatzfunktionen wie persönliche Notizen und Lesezeichen nutzen möchten, können Sie sich oben rechts mit einer persönlichen E-Mail-Adresse dafür registrieren
- Mit dem Button **Bibliothek** oben links gelangen Sie zu den Büchern

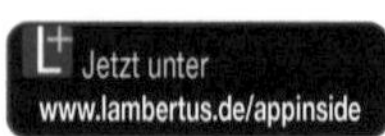

Bei Fragen wenden Sie sich gerne an uns:
Lambertus-Verlag GmbH – Tel. 0761/36825-24 oder
E-Mail an info@lambertus.de

Uwe Hemmers

Qualität und Dokumentation in der Krankenhausseelsorge

LAMBERTUS

Band 9 der Reihe „Identität und Auftrag", herausgegeben von Michael Fischer

Bisher erschienen:
Alexis Fritz/Michael Fischer/Wolfgang Heinemann/Georg Beule (Hg.) (2016): Entscheidungen im Management christlicher Organisationen

Daniel Lins (2018): Altenhilfe braucht Spiritualität

Michael Fischer/Donatus Beisenkötter (2020): Kita als Lebensort des Glaubens

Regina Schwarz (2020): Religiosität in den Einrichtungen der Altenhilfe

Ines G. Hartmann (2021): Spiritualität im Pflegemanagement von Krankenhäusern

Christian Kroll (2022): Mehr Ethik durch Multirationales Management

Bruno Schrage/Leonie Jedicke/Anna Kohlwey/Boris Krause/Martin Stockmann (2022): Wert mal praktisch

Rainer Kinast (2023): Werteorientierte Führungskultur, 2. Auflage (1. Auflage 2020)

Bibliografische Information der Deutschen Nationalbibliothek
Die Deutsche Nationalbibliothek verzeichnet diese Publikation in der Deutschen Nationalbibliografie; detaillierte bibliografische Daten sind im Internet über http://dnb.d-nb.de abrufbar.

1. Auflage 2024

www.lambertus.de
Umschlaggestaltung: Nathalie Kupfermann, Bollschweil
Druck: Elanders Waiblingen GmbH
ISBN 978-3-7841-3620-2
ISBN eBook 978-3-7841-3621-9

Inhalt

Geleitwort

Michael Fischer

Qualität ist ein Schlüsselbegriff heutiger Dienstleistungen. Es gibt kaum noch Bereiche, die sich nicht mit Qualitätsanforderungen beschäftigen. Allerdings wird in den unterschiedlichen Branchen und Handlungsfeldern der Anspruch an die Qualität ihrer Dienstleistungen und Produkte unterschiedlich aufgegriffen. Oft wurden diese Anforderungen als ein Widerfahrnis erlebt, dem man sich unausweichlich zu stellen hat. Ebenso gibt es Unternehmen und Einrichtungen, die frühzeitig die Möglichkeiten umfassender Qualitätsentwicklungskonzepte erkannt und sich konsequent auf einen Qualitätsweg eingelassen haben.

In der Krankenhausseelsorge prallen zwei Qualitätswelten aufeinander: Auf der einen Seite gibt es in den Krankenhäusern differenzierte Qualitätssicherungsverfahren samt entsprechender Zertifizierungsverfahren. Diese Anforderungen werden zunehmend an die Seelsorge herangetragen und stoßen auf der anderen Seite auf eine pastorale Praxis der Kirche, in der Qualitätsentwicklungsverfahren kaum eine Rolle spielen. An der Nahtstelle dieser beiden Qualitätskulturen ist die Seelsorge im Krankenhaus in besonderer Weise herausgefordert, eine angemessene Antwort zu finden.

Im besten Fall entdeckt die Krankenhausseelsorge darin eine weiterführende Gelegenheit und nimmt die Qualitätsentwicklung selbst in die Hand. Dabei geht es um eine kluge Weiterentwicklung von Verfahren gemäß den eigenen Zielen und Möglichkeiten. Denn das Wissen, die Methoden und die Modelle des Qualitätsmanagements halten für die Sicherung der Qualität in der Seelsorge hilfreiche Erfahrungen bereit.

Uwe Hemmers, Arzt und Theologe, nimmt sich in diesem Buch dieser Aufgabe an. In einem ersten Teil verdeutlicht der Autor, welchen Stellenwert die Krankenhausseelsorge in einem Krankenhaus einnimmt, wenn sie in einen Qualitätsdiskurs mit anderen Berufsgruppen eingebunden ist. Im zweiten Teil beschreibt er das Qualitätsmanagement als eine Systemsprache, mit deren Hilfe die Seelsorge eine gemeinsame Sprache in der interprofessionellen Zusammenarbeit mit anderen Berufsgruppen finden kann. Schließlich beschäftigt sich Hemmers im dritten Teil mit den Chancen und Grenzen der Dokumentation in der Krankenhausseelsorge.

Ich freue mich, dass diese Arbeit Eingang in die Buchreihe „Identität und Auftrag“ gefunden hat. In seiner ärztlichen Tätigkeit hat Uwe Hemmers praktische Erfahrungen im Qualitätsmanagement gesammelt und kann auf dieser Grundlage profund die Effekte und Limitierungen qualitätssichernder Verfahren einschätzen. Aus dieser Perspektive wirft er einen Blick auf den Ort der Krankenhausseelsorge im Gesamtgefüge eines Krankenhauses und wägt die Wirkungen ab, welche sich für die Seelsorge im Krankenhaus ergeben, wenn sie sich auf die relevante Systemsprache des Qualitätsmanagements einlässt.

Vorwort

Während der Entstehung dieses Buches wird von Gesundheitsminister Lauterbach eine weitere Reform geplant. Im Mittelpunkt steht der stationäre Sektor. Durch die Schaffung verschiedener Versorgungsstufen der Kliniken soll die Krankenhauslandschaft neu strukturiert werden. Die Insolvenz von Krankenhäusern, gerade im ländlichen Bereich, ist durchaus beabsichtigt. Die Notwendigkeit einer solchen Reform ist aufgrund der mehr als prekären wirtschaftlichen Situation vieler Kliniken offensichtlich.

Diese Misere ist durch viele Faktoren zustande gekommen. Eine wesentliche Rolle spielt die im Jahr 2004 eingeführte Systematik der Fallpauschalen. Diese soll teilweise zurückgenommen werden. Es überrascht nicht, dass die Politik ihr Versagen mit der Einführung dieses Systems wenig thematisiert. Vielmehr verspricht sie mit der jetzt anstehenden Reform eine Verbesserung der Qualität. Und lenkt so von dem politisch gesteuerten Versagen des Systems ab.

Wie dem auch sei. Qualität ist ein zentrales Thema im Gesundheitswesen. Das wird es auch bleiben, da Qualität ein gutes Steuerungselement ist, auch und gerade unter wirtschaftlichen Gesichtspunken. Das vorliegende Buch nimmt die Entwicklung des Gesundheitssystems hin zu einem qualitätsorientierten Dienstleister auf. Es wird sich zeigen, dass Qualität im Krankenhaus durchaus ihre Berechtigung hat. Dabei spielt die wissenschaftliche Grundlage der Qualität eine zentrale Rolle.

Die Krankenhausseelsorge als ein Teil des Gesundheitssystems ist herausgefordert, die Sinnhaftigkeit von Qualität und Qualitätsmanagement für ihren Bereich zu prüfen und zu entscheiden, ob sie dies für sich nutzen möchte. Nach den Überlegungen des vorliegenden Buches sollte Krankenhausseelsorge dies tun. Sie gibt damit sich selbst und den Partnern im Krankenhaus Rechenschaft über die Grundlagen und Sinnhaftigkeit ihres Tuns. Sie kann sich so in die Lage versetzen, Qualität in ihrem Bereich selbst zu definieren, auch unter Berücksichtigung der Grenzen von Qualität im besonderen

Kontext von Seelsorge. Sonst besteht die Gefahr, dass früher oder später Qualitätsvorstellungen im Bereich von Krankenhausseelsorge von außen vorgegeben werden.

Dieses Buch ist der Interdisziplinarität gewidmet. Die Erfahrungen an den Nahtstellen zwischen Medizin, Pflege und Krankenhausseelsorge an meinem Arbeitsplatz im Franziskus-Hospital Münster kamen mir dabei besonders zugute. Ich danke dem dortigen Seelsorgeteam und hier besonders Herrn Professor Lüke und Herrn Dr. Theo van Gelder.

Dieses Buch wäre nicht möglich ohne die Bereitschaft und Unterstützung von Herrn Professor Michael Fischer, der sowohl für das Institut für Religionspädagogik und Pastoraltheologie der Katholischen Fakultät der Universität Münster steht als auch für die St. Franziskus-Stiftung Münster, zu der dieses Hospital gehört.

Eine ganz andere Form von Interdisziplinarität verdanke ich dem fortwährenden Lektorat durch meine Frau Katja Hemmers.

November 2023
Uwe Hemmers

Einleitung

Auch wenn man annehmen darf, dass die Akteure im Gesundheitswesen immer schon versucht haben, eine qualitativ gute Arbeit zu leisten, so hat der Begriff der Qualität erst im Zuge von politischer Gestaltung Einzug in das Gesundheitswesen gehalten.

Seit dem Gesundheitsstrukturgeset von 1993 wird Qualität zunehmend gesetzlich im Gesundheitssystem verankert. Qualität und die damit notwendigerweise einhergehende Dokumentation wurden so zu einer zentralen, zunehmend differenzierten, aber auch zeitintensiven Aufgabe im gesamten Gesundheitssystem. Dies sowohl im ambulanten Bereich wie in der Tagespflege, Arztpraxen, Tageskliniken, aber besonders auch im stationären Bereich wie Alteneinrichtungen und insbesondere in Krankenhäusern. Alle Berufsgruppen sind herausgefordert, daran teilzunehmen. Dadurch wurde Qualität zum Qualitätsmanagement, in das das gesamte Unternehmen eingebunden ist. Es haben sich im Verlauf Strukturen auf Leitungsebenen entwickelt, die Qualität gestalten, umsetzen, lenken – eben managen.

Die Begriffe Qualität, Qualitätssicherung und Qualitätsmanagement werden nicht einheitlich gebraucht. Qualitätsmanagement ist als Oberbegriff zu verstehen, der insofern die anderen Begrifflichkeiten mit abdeckt, da es beim Management um die Qualität und deren Sicherung geht. In der vorliegenden Darstellung werden alle Begriffe je nach Kontext oder Quelle gebraucht.

Die Seelsorge diskutiert das Thema Qualität in der Krankenhausseelsorge breit, auch im wissenschaftlichen Kontext. Im Alltag sind seelsorgliche Qualität und Dokumentation in der Seelsorge, besonders in deutschen Kliniken, noch in der Entwicklung. Zwar gibt es auch Qualitätsmanagement in der Seelsorge, z. B. im Rahmen von Zertifizierungsverfahren wie proCum Cert, und es finden sich zahlreiche Beispiele für Leitlinienkonzepte der Seelsorge auf Ebene der Bistümer[1] und auch in den Kliniken in Form von Qualitätskonzepten der Krankenhausseelsorge[2], aber in der täglich geübten Praxis befindet sich Qualitätsmanagement in der Seelsorge in Deutschland noch am Anfang.

Wie weit möchte Seelsorge in die Krankenhausstrukturen vordringen? Sucht sie die Zusammenarbeit mit anderen Berufsgruppen wie Pflegenden oder Ärztinnen und Ärzten? Oder behält sie einen besonderen Status, indem sie Distanz zum Krankenhaus, seinen Mitarbeitern*innen und Strukturen hält? Kann Qualität überhaupt in der Seelsorge erfasst werden? Gibt es in der Seelsorge Zielgrößen oder stehen diese geradezu im Widerspruch zu einer zunächst zielfreien Seelsorge und zu der Unverfügbarkeit des seelsorglichen Gesprächs? Auch gibt es Bedenken gegenüber möglichen Verletzungen des Beichtgeheimnisses und der seelsorglichen Verschwiegenheit, sofern denn Seelsorge dokumentiert wird. Zudem eilt dem Qualitätsmanagement ein nicht unbegründeter Ruf voraus, sehr zeitaufwändig zu sein. Nicht zuletzt durch die mit Qualitätsmanagement verbundene notwendige Dokumentation. Wie kann diese alltagstauglich geschen? Was bedeutet Dokumentation für die Zusammenarbeit mit den verschienenen Professionen im Krankenhaus und wie ist Dokumentattion möglich unter Berücksichtigung von Seelsorgeverschiegenheit und Beichtgeheimis?

Das vorliegende Buch möchte diesen Fragen nachgehen und die aktuelle Situation erheben, in die hinein Krankenhausseelsorge tätig wird. Es geht darum darzustellen, wie Krankenhausseelsorge sich zu den Entwicklungen im Gesundheitssystem stellt, welche Antworten sie darauf gibt, und ob sie daran teilhaben möchte. Leitend für den Autor ist die Frage, ob Qualitätsmanagement ein sinnvolles Instrument für Krankenhausseelsorge ist und welchen Nutzen sie daraus ziehen kann, aber auch, ob es dem Krankenhaus und den darin arbeitenden Menschen dienlich ist und wie sich das Verhältnis von Krankenhausseelsorge und Krankenhaus dadurch entwickelt. In Zentrum sowohl des Krankenhauses als auch der Krankenhausseelsorge steht selbstverständlich der Patient, die Patientin. Krankenhausseelsorge muss sich daran messen lassen, ob sie diesem Wohl dient.

1 Vgl. Beisp. Die deutschen Bischöfe, Die Sorge der Kirche um die Kranken, Seelsorge im Krankenhaus, 1998.

2 Vgl. Beisp. Für einen konfessionellen Träger: Konzept der Krankenhausseelsorge im St. Franziskus-Hospital Münster. Februar 2022 (i. E.). Für einen öffentlichen Träger/Land NRW: Konzept zur Qualitätssicherung. Angebote der katholischen Klinikseelsorge am UKM (Universitätsklinikum Münster). Oktober 2021 (i. E.).

Als Arzt, seit 24 Jahren in Klinik und Praxis tätig, und als Qualitätsmanagementbeauftragter mit 15-jähriger Erfahrung werde ich an einigen Stellen Aspekte aus dem Qualitätsmanagement von Praxis und Klinik vorstellen, die mir für diese Arbeit und insbesondere für die Krankenhausseelsorge hilfreich oder wichtig erscheinen.

Teil I:
Die Entwicklung des Gesundheitssystems

Die Entwicklung des Gesundheitssystems ist seit den 1990er-Jahren geprägt von dem Willen der Politik, die Kosten zu kontrollieren. Die Veränderungen, die für notwendig erachtet wurden, haben zu einer kompletten Transformation des Systems geführt. Das vorrangige Ziel war und ist die Kontrolle der Kosten. Das Gesundheitssystem wurde unter den Primat der Ökonomie gestellt. Für alle Berufsgruppen führte das zu einer grundlegenden Veränderung ihrer Arbeit und ihres Selbstverständnisses. Davon bleibt auch Seelsorge nicht verschont. Sie muss sich fragen, wo sie sich in diesem Gesundheitssystem verortet. Die Ökonomisierung stellt dabei eine besondere Herausforderung dar, sieht sich Seelsorge doch in der Verantwortung, gerade die Fehlentwicklungen, die ein solches System mit sich bringt, zu benennen, und Patient*innen davor zu schützen. Seelsorge gerät zunehmend selbst in ökonomische Zwänge, je mehr die finanziellen und personellen Ressourcen der Kirchen schwinden. Dies Entwicklungen werden in Teil I dargestellt und gezeigt, wie verschieden Lösungsansätze der Seelsorge sich darauf beziehen.

1 Gestaltung durch Gesetzgebung

Seit 1989 regelt das Sozialgesetzbuch V Fragen der Krankenversicherung und der Krankenversorgung. 1993 trat das Gesundheitsstrukturgesetz als große Reformmaßnahme der Politik in Kraft.[3] Es diente vor allem der Kostendämpfung und Kostenkontrolle in dem sich rasch entwickelnden Gesundheitssystem mit innovativen und zunehmend teureren Therapien. Auch demografische Faktoren, hier besonders die sog. Überalterung der Gesellschaft, führten und führen zu einer Kostenspirale. Werkzeuge einer Kostenreduktion sind dabei ein Wettbewerb für die Krankenkassen durch freie Kassenwahl der Versicherten, Budgetierung der Erlöse durch Einführung von Fallpauschalen, Privatisierung von Krankenkosten durch Ausschluss bestimmter Leistungen aus dem Leistungskatalog und Erhöhung von Zuzahlungen der Versicherten oder die Begrenzung der Menge zugelassener Ärzte und Ärztinnen verschiedener Fachrichtungen in bestimmten Regionen.

Im Folgenden werden zwei weitreichende Einschnitte der Gesetzgebung, das Fallpauschalengesetz und die verpflichtende Einführung der Qualitätssicherung, ausführlicher dargestellt.

---

3 Für die gesetzliche Entwicklung im Gesundheitswesen vgl. z. B.: Simon 2021, S. 46–65.

1.1 Das Fallpauschalengesetz 2004 – Ökonomisierung des Gesundheitssystems

Im Krankenhausfinanzierungsgesetz sind die Modalitäten der Vergütung geregelt. Diese haben sich seit 2004 grundlegend geändert.

„Seit 2004 rechnen die Krankenhäuser nicht mehr nach Tagessätzen ab, sondern auf der Basis diagnosebezogener Fallpauschalen (DRG = Diagnosis Related Groups). Im Vergleich zum alten System der Tagessätze werden unter DRG-Bedingungen stärkere Anreize für ein wirtschaftliches Verhalten gesetzt: Gestaltet sich die Behandlung eines Patienten aufwändiger als durch die pauschale Vergütung gedeckt, macht das Krankenhaus Verlust. Gelingt es aber, wirtschaftlicher zu arbeiten als bei der Kalkulation der DRG-Pauschale berechnet, lässt sich ein Gewinn erzielen. Mit der DRG-Einführung sollten Fehlanreize im System beseitigt, die Wirtschaftlichkeit der Leistungserbringung in den Kliniken erhöht und die Kosten gesenkt werden.“[4]

Bis zur Einführung der DRGs wurde jeder Tag, den ein*e Patient*in im Krankenhaus lag, vergütet. Das führte bisweilen dazu, im Sinne eines Fehlanreizes, Patient*innen auch länger als notwendig im Krankenhaus zu behalten, um noch einige Tage Geld abzuschöpfen, z. B. über das Wochenende. Jetzt wird anhand der Diagnosen und notwendigen Prozeduren (gemeint sind hier z. B. Operationen oder Therapien auf der Intensivstation, hier z. B. die Beatmung) eine Pauschale, die auch mit einer vorgesehenen Verweildauer für diesen Fall verbunden ist, für jede*n Patient*in bezahlt. Liegen die Patient*innen länger als nach diesen Vorgaben vorgesehen im Krankenhaus, drohen Abschläge. Auf der anderen Seite reduziert sich aber auch bei zu früher Entlassung der Erlös.[5] Dadurch haben sich die Liegezeiten drastisch verkürzt von durchschnittlich 14 Tagen im Jahr 1991 auf 8,6 Tage im Jahr 2005 und mittlerweile auf 7,2 Tage.[6] In knapp 35 Jahren haben sich die Liegezeiten in der stationären Versorgung halbiert. Es ist klar, dass sich dadurch die Kontaktzeiten mit den Patient*innen ebenfalls verkürzt haben. Die Anzahl der Krankenhäuser sank im selben Zeitraum von 2411 in 1991 auf 1903 in 2020, die Anzahl der Betten von 665.565 auf 487.783. Gleichzeitig stieg die Fallzahl von 14.576.613 auf 16.793.962.[7]

---

4 Flintrop 2006.

5 Mit den DRGs sind sämtliche Kosten, die ein*e Patient*in verursacht, abgegolten. Hierzu zählen beispielsweise auch die Mahlzeiten, das eingesetzte Verbrauchsmaterial und die Reinigung der Zimmer.

6 Statistisches Bundesamt: Stand 23. März 2022.

7 Ebd.

Es soll nicht verschwiegen werden, dass beim Personal Zuwächse zu verzeichnen sind. Im nichtärztlichen Dienst stieg die Zahl der Stellen im o. g. Zeitraum von 1.002.553 auf 1.137.787 und im ärztlichen Dienst von 1.111.625 auf 1.338.352.[8] Diese Steigerung bei den Zahlen der Mitarbeiter*innen hat nicht verhindert, dass in allen Berufsgruppen das Gefühl einer enormen Verdichtung der Arbeit vorherrscht. Letzen Endes auf Kosten der Zeit – Zeit, die besonders im Kontakt zu den Patient*innen fehlt.

So kommt es mittlerweile vor, dass im Rahmen von Visiten auch über die Verweildauer der Patient*innen beraten wird, um abzugleichen, ob der Fall sich gewissermaßen im finanziellen Rahmen befindet. Auch regelmäßige Abgleiche zwischen dem Controlling und den ärztlichen Mitarbeiter*innen, um eine zu lange Verweildauer zu verhindern, gehören zum medizinischen Alltag dazu.

Für die Kliniken sind die Fälle am lukrativsten, die sich im Vorfeld gut kalkulieren lassen. Dazu gehören v. a. operative Eingriffe wie das Einsetzen eines künstlichen Hüftgelenks oder eine Herzkatheteruntersuchung. Komplexe Fälle, und dazu gehören v. a. ältere multimorbide Patient*innen mit vielen, meist internistischen Erkrankungen, sind dagegen schlecht zu kalkulieren. Hier kann es im stationären Aufenthalt zu Komplikationen kommen, z. B. durch eine plötzlich auftretende Lungenentzündung, Stürze im Krankenzimmer oder eine Entgleisung des Blutzuckers im Rahmen eines schweren Infektes, die die Liegezeit verlängern und den Fall unter ökonomischen Gesichtspunkten uninteressant machen. Dadurch besteht die Gefahr, Patient*innen um der Kosten willen zu früh zu entlassen, in einem Zustand, in dem sie noch nicht in der Lage sind, sich zu Hause selbst zu versorgen, oder es droht die Überforderung von Angehörigen, die sich zu Hause um die Patient*innen kümmern. Kurzfristige Wiederaufnahme der Patient*innen können die Folge sein. Bei geschicktem Management entsteht dann aber ein neuer Abrechnungsfall. Auch gibt es die Praxis, kostenintensive Patient*innen in andere Kliniken abzuschieben, um das Budget nicht zu belasten.

Die Verkürzung der Liegezeiten führt auch dazu, dass zahlreiche Leistungen in den ambulanten Bereich verlagert werden. Teilweise decken die Kliniken das mit sog. prä- und poststationären Leistungen ab. Dazu werden ambulanzähnliche Einrichtungen an den Kliniken geschaffen, die die Patient*innen auf den eigentlichen Klinikaufenthalt vorbereiten oder nach Entlassung Nachsorgen vornehmen. Alternativ werden die ehemals klinischen Aufgaben von niedergelassenen Ärzten und Ärztinnen erledigt. Dies führt zu einer

---

8 Ebd.

zunehmenden Zergliederung der Versorgung für die Patient*innen. Hier sind vor allem ältere Menschen benachteiligt, die zahlreiche Termine an verschiedenen Orten mit wechselndem Personal wahrnehmen müssen – an einem Tag zum Hausarzt, um Blutwerte bestimmen zu lassen, die vor der Aufnahme im Krankenhaus dort zunächst geprüft werden. Sind die Werte in Ordnung, wird dann ein stationärer Aufnahmetermin einige Tage später vereinbart. Neben der für diese Form der Vorbereitung notwendigen Mobilität des älteren Menschen bestehen kaum noch kontinuierliche Kontakte zu Ärzten, Ärztinnen und Pflegenden. Der Managementaufwand dieser Prozesse wächst dadurch ebenfalls. Verschiedene Schnittstellen erhöhen außerdem die Fehleranfälligkeit.

Die Probleme, die dadurch entstehen, sind in der täglichen Arbeit zu spüren. Es fehlt die Zeit, sich um Patient*innen adäquat zu kümmern und insbesondere Fälle, die mehr Zeit und Aufmerksamkeit brauchen, kommen zu kurz. Betroffen sind besonders Patient*innen, die schlecht für ihre Interessen eintreten können, wie z. B. alte Menschen, Demenzkranke, psychisch Kranke sowie Patient*innen mit Migrationshintergrund.

Dass Kliniken Wirtschaftsunternehmen sind, zeigt sich auch in der Verschiebung der Trägerschaft der Krankenhäuser. Zu unterscheiden sind hier die kirchlichen Träger, Kliniken in öffentlicher Trägerschaft und zunehmend private Träger. In 2020 waren von den insgesamt 1903 Krankenhäusern in Deutschland 551 (630 im Jahr 2010) Häuser in öffentlicher, 620 (755 im Jahr 2010) in freigemeinnütziger und mit 732 die meisten Krankenhäuser in privater Trägerschaft (im Jahr 2010 waren dies nur 679). Es hat also eine Verschiebung von den öffentlichen und konfessionellen zu den privaten, rein wirtschaftlich orientierten Trägern stattgefunden. [9]

Für private Träger ist der Klinikmarkt lukrativ. Sie verfolgen erwerbswirtschaftliche Ziele[10], es lässt sich damit Geld verdienen, insbesondere indem der Betrieb so organisiert ist, dass von den gezahlten DRG-Erlösen ein Gewinn übrigbleibt. Das geht nur, wenn versucht wird, die vorgegebenen Liegezeiten optimal zu nutzen und, wie immer in solchen Situationen, durch Einsparung von Personal.[11] Aber auch die Ausgliederung von bisher klinikinternen Betrieben wie Küche, Handwerk oder IT ist ein Mittel zur

9 Ebd. außerdem: Simon, 2021, S. 219.

10 Ebd. S. 218.

11 Durch das Pflegepersonal-Stärkungsgesetz von 2018 wurden die Pflegepersonalkosten aus den DRG-Pauschalen ausgegliedert. Die Pflegepersonalkosten werden seit 2020 auf der Grundlage der individuellen Kosten des jeweiligen Krankenhauses finanziert. Damit soll der Stellenreduktion auf Seiten der Pflege entgegengewirkt werden. Vgl. Simon 2021, S. 59.

Kostendämpfung und Gewinnoptimierung. Für die in diesen Bereichen arbeitenden Mitarbeiter*innen bedeutet dies neben tariflichen Veränderungen eine Verschlechterung der Arbeitsbedingungen, eine Verdichtung der Arbeit, sowohl im Bereich der direkten Patient*innenversorgung als auch im Bereich der Verwaltung. Solche Klinik-Konzerne sind teilweise börsennotiert, es muss eine Rendite erwirtschaftet werden.

Durch das DRG-System wurde seitens der Politik eine ökonomische Dynamik in der Krankenhauslandschaft entfaltet, die unter dem Kostendruck zu einer Verdichtung der Arbeit geführt hat. Die Arbeitsbelastung nimmt bei Zunahme der Patientenkontakte und gleichzeitiger Verkürzung der Kontaktzeiten erheblich zu. Dies ist aufseiten der Mitarbeiter*innen auf sämtlichen Ebenen im Krankenhaus ein relevanter Stressfaktor. Für die Patient*innen bedeutet dies ebenfalls eine Belastung mit zunehmenden Personalwechseln und Verkürzung der Kontaktzeiten zu den Mitarbeiter*innen bei den Pflegenden, Ärzt*innen, Sozialdiensten und Psycholog*innen.

Aktuell (Stand 2023) plant der Bundesgesundheitsminister eine Veränderung der Vergütung für die Leistungen der Krankenhäuser. Die Finanzierung der Kliniken soll weniger abhängig von den Fallpauschalen sein. Welchen Einfluss eine Gesetzesänderung auf die hier beschriebenen Probleme hat und wann diese eintritt, ist völlig unklar. Es ist nicht zu erwarten, dass sich die Situation der Mitarbeiter*innen in den Kliniken in absehbarer Zeit gravierend verändern oder sogar verbessern wird.

Zu dieser sehr dynamischen Entwcklung kam dann auch noch die Pflicht hinzu, ein Qualitätsmanagement in den Kliniken aber auch im ambulanten Bereich zu etablieren.

1.2 Das Krankenhausstrukturgesetz von 2016 – Steuerung mittels Qualität

Qualitätsmanagement wurde als ein Instrument der Gestaltung, aber auch der Kontrolle, verpflichtend sowohl im ambulanten und stationären Sektor eingeführt. Über die Jahre wurde es durch verschieden Gesetze in die heutige Form gebracht.

„Alle Leistungserbringer im System der gesetzlichen Krankenversicherungen sind verpflichtet, die Qualität ihrer Leistungen zu sichern und weiter zu entwickeln. Das Fünfte Buch Sozialgesetzbuch (SGB V) regelt dabei die Grundanforderungen an die Qualitätssicherung. Es enthält unter anderem die gesetzliche Verpflichtung

zur Einführung eines internen Qualitätsmanagements und zur Beteiligung an Maßnahmen der einrichtungsübergreifenden externen Qualitätssicherung (Paragraph 135a SGB)."[12]

Caroline Große stellt in ihrer Dissertation[13] die gesetzlichen Entwicklungen dar, diese werden hier teilweise wiedergegeben.

Es wurden gesetzlich legitimierte Institutionen zur Entwicklung von Qualitätsmanagement im Gesundheitssystem geschaffen. Dazu gehört zunächst der gemeinsame Bundesausschuss (G-BA). Dieser ist das höchste Beschlussgremium der Selbstverwaltung im Gesundheitswesen. Er wurde gegründet im Rahmen des GKV-Modernisierungsgesetzes 2004. Hier wird entschieden, welche Leistungen von den Krankenkassen vergütet werden. Dies geschieht unter Berücksichtigung von Qualität und Qualitätsmanagement. Der gemeinsame Bundesausschuss hat laut Bundesgesundheitsministerium „Gestaltungshoheit". Diesem sind zwei Institute zugeordnet. Zum einen seit 2004 das Institut für Qualität und Wirtschaftlichkeit im Gesundheitswesen (IQWIG), es beschäftigt sich mit Fragen des Nutzens und der Vor- und Nachteile von Gesundheitsleistungen. Das Institut für Qualitätssicherung und Transparenz im Gesundheitswesen (IQTIG) befasst sich mit der Erhebung von Qualitätsdaten, die die Grundlage für die Planung und Vergütung von Gesundheitsleistungen darstellen. Dieses wurde erst 2015 gegründet.

2016 trat dann das Krankenhausstrukturgesetzt in Kraft. Qualität wird zum Maßstab bei Krankenhausplanung und Vergütung.

„Aktuell befindet sich die Qualitätssicherung im Krankenhaus in einer wichtigen Phase: Es läuft die Umsetzung der mit dem Krankenhausstrukturgesetz (KHSG) eingeführten Möglichkeiten zur Überprüfung der Einhaltung von Anforderungen der Qualitätssicherung sowie zur Durchsetzung nicht eingehaltener Qualitätsanforderungen. Dabei sollen die Krankenhäuser vorrangig zur Verbesserung der Versorgungsqualität beraten und unterstützt werden, es können aber abhängig von der Art und Schwere eines Verstoßes gegen Qualitätsvorgaben auch Durchsetzungsmaßnahmen mit Sanktionscharakter eingesetzt werden. Die Qualität als Kriterium bei der Krankenhausplanung und bei der Krankenhausvergütung wird weiterentwickelt. Schlechte Qualität soll künftig planungsrechtliche

12 Bundesministerium der Gesundheit. Stand: 08. Juni 2021.
13 Große 2021, besonders S. 55–60.

Konsequenzen haben und kann über die Aufnahme oder den Verbleib eines Krankenhauses oder einer Fachabteilung im Krankenhausplan des jeweiligen Bundeslandes entscheiden.“ [14]

Ein fehlendes oder unzureichendes Qualitätsmanagement oder Qualitätsdefizite können also zu einer Reduktion von Leistungserstattung durch die Krankenkassen führen oder sogar dazu, dass die Existenz ganzer Abteilungen in Frage steht.

Es werden planungsrelevante Qualitätsindikatoren benannt, die kontrolliert werden. Kliniken können mit den Krankenkassen Qualitätsverträge schließen, um in bestimmten Bereichen besondere Qualität zu dokumentieren. Dazu gehören z. B. die endoprothetische Gelenkversorgung oder die Prävention eines postoperativen Delirs bei älteren Patient*innen. Diese Qualitätsindikatoren befinden sich noch in der Erprobungsphase und werden auf ihre Wirksamkeit fortlaufend mittels der oben genannten Institutionen (G-BA, IQWiG und IQTIG) überprüft. Diese Vorgehensweise soll in Zukunft auf weitere Krankheiten und Therapien übertragen werden. Das heißt, Qualitätssicherung geschieht hier nicht willkürlich, sondern in Absprache mit den Leistungserbringern zunächst für bestimmte definierte Erkrankungen und Therapien. Hier wird Qualität noch einmal in besonderer Form zu Kontrolle und Lenkung im Gesundheitssystem eingesetzt. Unabhängig davon ist aber ein grundsätzliches Qualitätsmanagement im ambulanten und stationären Bereich verpflichtend.

Fallvignette

In in einer internistischen Praxis mit dem Schwerpunkt Lungenheilkunde stehen zwölf Ordner mit Leitlinien, Arbeitsanweisungen, Checklisten, Hygienestandards, Teambesprechungsprotokollen etc. zur Verfügung. Einmal jährlich findet ein internes und ein externes Audit statt, in denen anhand von Stichproben die Erfüllung der vorgegebene QM-Standards geprüft wird. Am Ende kann man ein Zertifikat erlangen, z. B. nach DIN EN ISO 2000/9001. Qualitätsmanagement ist arbeitsaufwändig und, übers Jahr gerechnet, ist eine halbe Personalstelle hauptsächlich mit der Pflege des QM-Systems beschäftigt. Nichtsdestotrotz hat Qualitätsmanagement auch zur Verbesserung der Arbeit beigetragen. Genannt sei hier exemplarisch das Thema Hygiene mit Hygieneplänen, Anleitungen zur richtigen Händedesinfektion, Putzplänen und die Liste zugelassener Reinigungs- und Desinfektionsmittel. Auch die Mitarbeiter*innenführung hat sich weiterentwickelt in den jährlichen

---

14 Ebd. S. 58.

strukturierten Mitarbeiter*innengesprächen und darin, dass nun monatlich Teambesprechungen dokumentiert stattfinden. Das geforderte Instrument der Patient*innenbefragung führt zu einer Vergewisserung der Qualität der täglichen Arbeit oder eben zu Handlungsbedarf im Sinne der Verbesserung der Arbeit an bestimmten Stellen. Mit einem Plan-Do-Check-Act System werden sämtliche Bereiche regelmäßig auf ihr Funktionieren überprüft und bei Bedarf korrigiert. Der Handlungsbedarf wird im Rahmen von Teambesprechungen erfasst, z. B. anhand von Fehlerlisten. Maßnahmen zur Verbesserung werden geplant und nach einem vorgegebenen Zeitraum auf Wirksamkeit überprüft. Außerdem stehen jährliche Berichte über Hygiene, Arbeitssicherheit, Datenschutz, Medizinprodukte und Qualitätsmanagement selber im Plan. Diese werden von dazu benannten Mitarbeiter*innen verfasst und in Teambesprechungen vorgetragen.

Entsprechend den Proportionen ist klar, dass ein Qualitätsmanagement in einer Klinik einen wesentlich größeren zeitlichen und personellen Aufwand erfordert.

Qualitätsmanagement löst deshalb im ambulanten und auch im stationären Bereich zwiespältige Gefühle aus, dies besonders durch die Vorgaben von außen, aber auch durch den erheblichen Verbrauch an Ressourcen, Personal und Zeit. So schreibt Michael Fischer: „Sich mit Qualitätssystemen beschäftigen zu müssen, wurde daher eher als Widerfahrnis verstanden, dem es sich zu beugen galt, denn als eine gerne zu verrichtende Aufgabe."[15]

15 Fischer 2021, S. 76–77.

2 Zusammenarbeit von Krankenhausseelsorge und Krankenhaus

Der Leitung von Kliniken sind die zuvor genannten Probleme, die sich aus der Kommerzialisierung des Gesundheitswesens schon seit langer Zeit entwickeln, bekannt. Ihnen ist die Verdichtung der Arbeit und die damit einhergehende Belastung des Personals auf den verschiedenen Ebenen bewusst. Die Verknappung der Zeit für die einzelnen Kontakte zu den Patient*innen bei gleichzeitiger Zunahme der Anzahl der Kontakte durch Steigerung der Patient*innenzahlen ist eine Belastung für alle, die in der Klinik arbeiten. Es gibt bereits Ansätzte bei Kliniken, dieses Problem auch mit Hilfe der Krankenhausseelsorge zu lösen.

Mit Leitbildern sollen im Krankenhaus gemeinsame Werte als ethische Grundlagen vorgegeben werden. Mit einem gemeinsamen Geist (Spirit) sollen die Defizite bei der Betreuung von kranken Menschen ausgeglichen werden. Corporate Identity ist hier ein Stichwort. Es ist der Versuch, mit einem Unternehmensleitbild im Inneren des Betriebes eine gemeinsame Motivation für Mitarbeitende zu schaffen, aber auch nach außen hin das Profil des Unternehmens darzustellen. Häuser in kirchlicher Trägerschaft entwickeln diese Leitbilder aus ihrem christlichen Verständnis heraus in Absprache mit oder federführend durch die Krankenhausseelsorge. Diese gewinnt damit über ihre traditionelle Rolle hinaus Bedeutung im Krankenhaus. Längst ist sie nicht mehr nur dafür da, am Lebensende christlichen Beistand zu leisten. Sie soll den Blick auch auf das Personal und seine Religiosität und Spiritualität richten. Sie hat die Chance auf einen erheblichen Bedeutungszuwachs ihrer Rolle im System Krankenhaus bekommen.

Es besteht seitens der Kliniken auch zunehmend Bedarf für Seelsorge auch bei ethischen Fragestellungen. Seelsorgende können dazu, auch aufgrund ihrer theologisch wissenschaftlichen Ausbildung, einen Beitrag leisten.

Bei der Pluralisierung der Gesellschaft, die sich so auch analog im Krankenhaus findet, sowohl aufseiten der Patient*innen als auch aufseiten des Personals, kann Seelsorge integrierende Funktion übernehmen, wie dies z. B. im Sinne von Spiritual Care vorgeschlagen wird.

Francesco De Meo äußert sich in seinem Statement im Handbuch Krankenhausseelsorge als Vorsitzender der Geschäftsführung (CEO) der Helios Helath GmbH, eines privaten Krankenhausträgers.[16] Nach seiner Einschätzung wird „[…] Seelsorge heute zunehmend Teil der Serviceleistungen um das emotionale Wohl der Patienten; sie wird also als Bestandteil einer guten und fürsorglichen Betreuung wertgeschätzt."[17] Die klassische, kirchlich beauftragte Seelsorge muss für sich entscheiden, wo sie sich im Spektrum zwischen religiös und emotional verortet. Damit trägt er der zunehmenden Pluralität der Patient*innen und dem Bedeutungsverlust der christlichen Religionen im Krankenhaus Rechnung. Für die „emotional–motivierende Beratung" können Krankenhäuser auch andere Anbieter außerhalb der Kirchen beauftragen.[18] Insofern ist die Verortung von Seelsorge in seinem Unternehmen erwartungsgemäß eine ganz andere. Sie befindet sich gewissermaßen an einem Rand des Spektrums einer möglichen Position kirchlicher Krankenhausseelsorge. Es wir sich bei den im Folgenden dargestellten Konzepten zeigen, dass diese, aus dem kirchlichen Binnenraum kommend, die Positionierung anders vornehmen.

Im Zuge dieses Einwachsens der Seelsorge in das Krankenhaus gewinnt auch Qualitätsmanagement an Bedeutung, da alle, die im Krankenhaus tätig sind, mehr oder weniger Qualitätssicherung betreiben und dem Qualitätsmanagement unterliegen. Wenn Seelsorge im Krankenhaus, so vielfältig wie hier dargestellt, mitarbeiten möchte, sie sich also den verschiedenen Feldern der Kooperation stellt, wird sie nicht umhinkönnen, sich am Qualitätsmanagement zu beteiligen, um ihr Tun transparent zu machen, Rechenschaft abzulegen und auf Augenhöhe mit den Partner*innen im Krankenhaus zu sein.

---

16 De Meo 2019, S.116–122.
17 Ebd. S. 117.
18 Ebd. S. 118.

Die Diskussion über die Rolle der Seelsorge im Krankenhaus wird vor dem Hintergrund der beschriebenen Entwicklungen intensiv geführt. Soll Seelsorge dazu dienen, im Krankenhaus Identität zu stiften? Obliegt es ihr, für einen gemeinsamen Geist zu sorgen und damit die Einrichtung in ihrer Entwicklung zu unterstützen? Oder soll sie das Geschehen vom Rand aus betrachten und begleiten, unter Beibehaltung einer Unabhängigkeit, die es ihr erlaubt, kritisch auf den Prozess der Krankenhausentwicklung zu blicken?

Und welche Rolle spielt dabei das Qualitätsmanagement? Ist es ein notwendiges Übel? Kann man sich dem verweigern, weil Qualität in der Seelsorge nicht messbar ist? Wie passen Qualität und Unverfügbarkeit von Transzendenz in Seelsorge zusammen? Und wenn man Qualitätsmanagement betreibt, ist eine Dokumentation zulässig vor dem Hintergrund der seelsorglichen Verschwiegenheit und des Beichtgeheimnisses? Kann Qualitätsmanagement einer Interprofessionalität dienen? Und welchen Nutzen kann die Seelsorge selbst daraus ziehen?

Der Wunsch seitens der Krankenhäuser, Seelsorge aus den o. g., verschiedenen Gründen stärker ins Krankenhaus zu integrieren, fordert das Selbstverständnis von Seelsorge heraus. Seelsorge muss eine neue Rolle im Krankenhaus finden und diese auch transparent machen. Hierzu gibt es sehr unterschiedliche Ideen und Modelle.

In den folgenden Kapiteln werden verschieden Seelsorgekonzepte vorgestellt, die die Bandbreite der Vorstellungen gut darstellen. Sie sind als Reaktion auf die Veränderungen im Gesundheitssystem entstanden. Dies zeigen jeweils die Ausgangsbedingungen der Modelle, in denen sie sich teilweise sehr ähneln. Das Hauptaugenmerk liegt auf der Frage, wie weit Seelsorge sich in den Klinken verortet und an einer Zusammenarbeit mit anderen Berufsgruppen interessiert ist und welche Rolle Qualität und Qualitätsmanagement dabei spielen.

Als erstes Konzept wird das des Diakoniewissenschaftlers Alfred Jäger vorgestellt, da es sich weit von der herkömmlichen Krankenhausseelsorge entfernt und tief in das Unternehmen Krankenhaus eindringt. Damit bedient es den oben dargestellten Wunsch der Kliniken nach einem Rollenzuwachs der Seelsorge im Krankenhaus.

2.1 Vollinklusion der Seelsorge ins Krankenhaus

Das Seelsorgekonzept von Alfred Jäger

Im Spektrum möglicher Verortungen der Seelsorge im Verhältnis zum Krankenhaus geht das Modell des Diakoniewissenschaftlers Alfred Jäger am weitesten. Seelsorge übernimmt dabei umfassende Verantwortung für das Funktionieren der Klinik.[19]

Alfred Jäger sieht Seelsorge mit einer Management-Funktion für das ganze Haus ausgestattet, zuständig für Unternehmens-Kultur, -Ethik, -Stil und -Design. In einem Vortrag 2001 unter dem Thema „Seelsorge als Management-Funktion im konfessionellen Krankenhaus" analysiert er die Situation im Gesundheitswesen und Krankenhaus vor dem Hintergrund der ökonomischen Rahmenbedingungen, unter denen es für Krankenhäuser in konfessioneller Trägerschaft „[...] zur EXISTENZ- und SINNFRAGE [wird], ob und wie sie sich als medizinales Dienstleistungsunternehmen verstehen, verhalten und nach innen und außen gestalten. Am Beginn dieses epochalen Umbruchs, der im Vorfeld der 1980er-Jahre schon weite Bereiche des Nonprofit-Bereichs erreichte, stand und steht ein Sprung in der CORPORATE IDENTITY (Unternehmensidentität): WIR SIND UNTERNEHMEN."[20]

Jäger sieht eine Umstrukturierung der gesamten Klinikleitung vor. Dabei wird die bisherige Verwaltungsleitung zum Krankenhausmanagement, die bisherige Pflegedienstleitung übernimmt das Personalmanagement. Die ärztliche Direktion wird durch ein Qualitätsmanagement ersetzt.[21] Diese Neustrukturierung dient der „Integralität", in der nicht mehr einzelne Teilbereiche nebeneinander existieren, sondern das Haus als ein Ganzes gesehen wird. Ein Leitbildprozess dient der Orientierung. Die Seelsorge soll mit einem eigenen Konzept Management-Funktionen entwickeln.

„Ein fähiger Seelsorger, eine fähige Seelsorgerin ist mit einem befristeten Vertrag anzustellen, um [...] ein derartiges Konzept als besonderes Markenzeichen des Hauses zu erstellen und für dessen Umsetzung zu sorgen."[22] *„Paradigmatische Voraussetzung einer solchen Entwicklung ist, dass der/die Seelsorger/in die eigene*

---

19 Vgl. Jäger 2001.

20 Ebd. S. 367, die Hervorhebungen sind aus dem Originaltext übernommen.

21 Aus ärztlicher Sicht ist diese vorgeschlagene Entwicklung mindestens interessant, wenn nicht erschreckend. Es kann der Eindruck entstehen, kritische Stimmen aus den medizinischen Abteilungen verdrängen zu wollen, da sie unbequeme Wahrheiten zu Personalentwicklung und ethischen Diskrepanzen einer ökonomisierten Medizin benennen könnten. Man wird hier medizinisch-ethische Aspekte, die Krankenhausentwicklung betreffend, nicht nur an die Seelsorge delegieren können ohne die fachliche Expertise der Medizin.

22 Ebd. S. 371.

Aufgabe nicht mehr nur als Delegation von Kirche ins Krankenhaus, sondern primär als integrale Management-Funktion verstehen lernt."[23] *Verzichtet werden soll auf eine patriarchale wie pastoral-psychologische Seelsorge. Sie ist nicht mehr an den medizinischen Definitionen von gesund und krank orientiert. „Im Rahmen einer neuen Krankenhauspolitik erfüllt das Seelsorge-Konzept eine integrale Funktion für das ganze Haus. Es hegt und pflegt den Geist (die Spiritualität) und die Seele der Einrichtung. […] Seelsorge übernimmt im konfessionellen Krankenhaus die Funktionen des SOFT-MANAGEMENT: KRANKENHAUS-KULTUR, KRANKENHAUS-ETHIK, KRANKENHAUS-STIL, KRANKENHAUS-DESIGN etc."*[24]

Im Weiteren spricht Jäger von „Soft-Faktoren"[25], für die sich Seelsorge verantwortlich zeichnet und grenzt davon deutlich das Hard-Management der Unternehmensführung ab. Die Eigenständigkeit der Seelsorge im Krankenhaus soll gerade durch diese Aufteilung gewahrt werden. Zu den Aufgaben gehört auch die Leitung einer Ethikkommission.

„Das theologische Seelsorge-Monopol wird im Sinn eines allgemeinen Seelsorgertums aller Gläubigen und Ungläubigen durchbrochen. Der/die Seelsorger/in fördert mit geeigneten internen und externen Angeboten die gesamte Belegschaft in ihrer zwischenmenschlichen Kompetenz und sorgt damit für einen qualifizierten Krankenhaus-Stil, der für alle relevanten Gruppen erkennbar wird."[26] *„Paradigmatische Voraussetzung des Konzeptes ist u. a. die Einsicht, dass Seelsorge kein christliches oder gar theologisches Monopol ist, sondern als Vorgang der Begegnung mit anderen und in Sorge für deren Wohl an Geist und Seele eine allgemeinmenschliche Fähigkeit sein kann und darf.*[27]

Seelsorge hat als Managementfunktion also die Aufgabe, für einen gemeinsamen Geist im Krankenhaus zu sorgen. Dieser soll das ganze Haus durch alle Mitarbeitenden erfüllen und zu einer für die Patient*innen und Angehörigen spürbaren Größe werden. Es geht um eine Unternehmenskultur. Die klassische Seelsorge tritt dabei in den Hintergrund. Sie distanziert sich „von den Maßstäben „geistlich/ungeistlich", „gesund/krank" (…) um sich ganz den weiter gefassten Kriterien „gelungenes/misslungenes Leben" zu stellen."[28] Der Seelsorger, die Seelsorgerin werden zum Spiritual, zur Spiritualin.

---

23 Ebd. S. 371.
24 Ebd. S. 372. Tatsächlich geht es um Design im Sinne eines Erscheinungsbildes des Krankenhauses, bis hin zur Inneneinrichtung.
25 Ebd. S. 373.
26 Ebd. S. 375.
27 Ebd. S. 375.
28 Ebd. S. 377.

Seelsorge gestaltet hier das gesamte System Krankenhaus grundlegend mit. Alle Bereiche werden im Sinne einer Unternehmenskultur von einem, wie auch immer zu beschreibenden Geist geprägt, auch bis ins Qualitätsmanagement hineinreichend. Controlling und Qualitätsmanagement bekommen bei Jäger eine Steuerungsfunktion. Sie dienen dazu, den Alltag an den verfassten Seelsorgekonzepten zu überprüfen und ggf. zu korrigieren. Wie dies im Detail aussehen könnte, ist aber nicht Inhalt seines Vortrages.[29]

In diesem Modell bekommt Seelsorge einen enormen Bedeutungszuwachs, das traditionelle Profil der Seelsorge wird bewusst aufgegeben. „Der/die Seelsorger/in betreibt selbst nur begrenzt und in Einzelfällen Seelsorge im Sinn eines Vier-Augen-Gesprächs. Stattdessen sorge er/sie durch geeignete interne und externe Maßnahmen für die Förderung der zwischenmenschlichen Kompetenz der gesamten Belegschaft. Daraus kann ein Markenzeichen des Hauses gestaltet werden. Wenn am Stammtisch von Kumpel zu Kumpel gesagt wird: 'Die haben meine Oma bestens versorgt', ist dies die beste Werbung nach innen und außen."[30]

Dieses sehr selbstbewusst vorgetragene Modell eines Paradigmenwechsels in der Seelsorge ist in dieser Form radikal und ambitioniert. Es hat keine Berührungsängste mit dem Krankenhaus, ist bereit, darin mit einer Managementfunktion aufzugehen bei gleichzeitigem Bedeutungsverlust der kirchlichen Leitung. Die Einbeziehung aller Mitarbeitenden auch für die seelsorgliche Arbeit (allgemeines Seelsorgertum) deutet Formen von Spiritual Care an. Daneben wird auch der Dualismus krank/gesund, der das schulmedizinisch dominierte Krankenaus prägt, aufgegeben und damit ein anderes Verständnis von Wirksamkeit und Erfolg im Krankenhaus etabliert. Seelsorge soll zur Entwicklung der Klinik im Sinne einer eigenen Marke beitragen und ist damit besonders der ökonomischen Entwicklung des Krankenhauses verpflichtet. Im hier zuletzt genannten Zitat von Jäger geht es darum, mit dem von Seelsorge erzeugten guten Geist im Haus Werbung zu machen.

Das klassische Seelsorgegespräch unter vier Augen tritt in den Hintergrund. Dieses soll durch ein allgemeines Seelsorger*innentum, welches allen Mitarbeiter*innen obliegt, ersetzt werden. Zwar arbeitet Seelsorge auch schon erfolgreich mit Ehrenamtlichen, diese erhalten eine fachliche Qualifikation und sind entsprechend für das seelsorgliche Gespräch verantwortlich.[31] Ob es gelingt, durch Fortbildung und Anleitung der traditionellen

---

29 Ebd. S. 371.

30 Ebd. S. 375.

31 Vergl. zum Thema Ehrenamtliche in der Krankenhausseelsorge: Fischer Michael. Zukunft der Seelsorge im Gesundheitswesen. Hier besonders Teil III. S. 109 ff.

Mitarbeiter*innen des Krankenhauses, diese auf die oft krisenhaften Zustände von Patient*innen ausreichend vorzubereiten, um die traditionelle Seelsorge zu ersetzen, darf ernsthaft angefragt werden. Denn diese sollen quasi zusätzlich zur ihrer ohnehin schon verdichteten und verantwortungsvollen Arbeit auch noch Seelsorge leisten. Es droht eine Überforderung der Mitarbeitenden sowie die Gefahr einer Banalisierung der Seelsorge, weil sie ihrer Tiefe nicht mehr gerecht werden kann. Auch, wie im Rahmen eines zunehmend komplexen Schichtsystems eine gewisse Kontinuität in der Beziehung zu Patient*innen für diese Art Seelsorge gewährleistet werden soll, ist schwer vorstellbar.[32] Eventuell denkt Jäger hier an die Herausbildung speziell für Seelsorge verantwortliche Mitarbeiter*innen, die teilweise von ihren bisherigen Aufgaben freigestellt werden. So weit gehen Jägers thesenhafte Ideen an dieser Stelle nicht.

Im Folgenden zeigt sich, dass ein solch umfassendes Modell nicht ohne Widerspruch bleibt. Gerade das tiefe Eindringen in die Klinik wird kritisch gesehen aus Sorge vor dem Verlust von Autonomie.

Besonders der Beitrag der Seelsorgerin Dorothee Haart schließt sich hier gut an. Sie bezeichnet darin das Krankenhaus als Wirtschaftsunternehmen, also eine Zuschreibung, die bei Jäger ebenfalls zentral ist, sie tut dies aber aus entgegengesetzter Perspektive.

2.2 Notwendige Abgrenzung zum Wirtschaftsunternehmen Krankenhaus

Das Seelsorgekonzept von Dorothee Haart

Haart beschäftigt sich in ihrem Artikel: „Die Rolle der Seelsorge im Wirtschaftsunternehmen Krankenhaus“[33] mit den Veränderungen im Gesundheitssystem, denen auch die Seelsorge ausgesetzt ist. Indem Haart das Krankenhaus als Wirtschaftsunternehmen spezifiziert, ist der Beitrag in einer besonderen Perspektive geschrieben und erzeugt zu Beginn bereits eine gewisse Gegensätzlichkeit zwischen der Seelsorge und dem Wirtschaftsunternehmen. Zunächst stellt auch sie die Entwicklung im Gesundheitssystem, das zunehmend bzw. überwiegend ökonomischen Gesetzen gehorcht,

---

32 Kliniken schaffen aufgrund des Personalmangels flexible Mitarbeiter*innenpools, die je nach Bedarf personelle Engpässe auf Stationen auffangen. So sinnvoll ein solches Instrument ist, es ist sicherlich nicht förderlich für das Stationsteam und auch nicht für die Bindung an den/die Patienten/in, schon gar nicht unter dem Aspekt einer Seelsorge.

33 Haart 2019, S. 92–103.

ausführlich dar. „Die politischen Reformen der letzten Jahre standen unter dem Vorzeichen des staatlichen Rückzugs aus der Verantwortung für die Gesundheitsversorgung hin zu einem marktgesteuerten System."[34]

Auch Haart benennt das Interesse von Kliniken, mittels der Seelsorge eine Corporate Identity zu schaffen. „Sowohl bei der Umsetzung von Klinik-Leitbildern wird Seelsorge angefragt als auch bei Maßnahmen zur Förderung der Patienten- und Mitarbeiterzufriedenheit. Nicht nur die konfessionellen Kliniken haben inzwischen entdeckt, welchen Beitrag Seelsorger für Image und Betriebsklima in unsicheren Zeiten des Wandels leisten können."[35]

Sie greift genau den Punkt auf, der im vorhergehenden Kapitel bei Jäger zentral war, nämlich Seelsorge für das Betriebsklima und das Image zu nutzen unter dem Begriff der Corporate Identity. Hier sieht Haart die Gratwanderung zwischen den Chancen einer zunehmenden Bedeutung der Krankenhausseelsorge in der Klinik und der Gefahr, „zu sehr im Krankenhaus aufzugehen und eine Freiheit zu verlieren, die es bisher möglich machte, ihren externen, theologisch orientierten Blick in die Organisation einzubringen".[36] Auch gewinnt Seelsorge Bedeutung bei der Beratung in ethischen Fragen. Im Bereich der Palliativmedizin ist sie durch Konzepte von Spiritual Care ebenfalls herausgefordert.

Es besteht die Gefahr, die zunehmende Bedeutung in verschiedenen Bereichen des Krankenhauses um den Preis des Verlusts der Autonomie zu erkaufen. Werden Klinikleitungen dann zukünftig Einfluss auf die inhaltliche Arbeit der Seelsorge nehmen? Wird die Qualität der Seelsorge auch unter ökonomischen Gesichtspunkten bewertet? Und wie soll diese dann gemessen werden?

Haart befürchtet hier den Verlust der besonderen Rolle der Seelsorge als Anwältin der Armen und Schwachen im System. Die Option für die Armen ist gefährdet.

Sie fordert von der Seelsorge: „Mit dem medizinischen Behandlungsteam kooperiert sie, ohne allerdings ganz in der Logik der Behandler aufzugehen."[37] Dies heißt, die Patient*innen nicht mit den Augen einer ökonomisierten Medizin zu betrachten, in denen sie v.a. unter dem Aspekt der Kosten gesehen werden. Seelsorge soll sich die Möglichkeit bewahren, mit

34 Ebd. S 92.
35 Ebd. S. 98.
36 Ebd. S. 98.
37 Ebd. S. 99–100.

den Patient*innen solidarisch zu sein, auch wenn diese gewissermaßen aus dem System fallen. Im Hinblick auf Qualitätsmanagement und Dokumentation heißt das für Haart, dass Seelsorge nicht mit denselben Erfolgskriterien gemessen werden soll wie Medizin und Pflege. Es kann nicht darum gehen, Seelsorge messbar zu machen über die Menge der stattgefundenen Kontakte, die Länge der Gespräche oder über die Menge der erteilten Bußsakramente. „Wenn jedoch Qualitätssicherung am Ende bedeutet, Qualität in Quantität zu übersetzen, d. h. die Arbeit der Seelsorge in möglichst handliche und standardisierbare Expertenleistungen zu zerlegen, dann findet ihre eigentliche Leistung keinen Niederschlag im Bewusstsein der Krankenhausorganisation."[38] Dagegen soll Seelsorge Widerstand leisten gegen die Erfolgslogik des Medizinbetriebs. „Das Erleben von Kontingenz und das würdigende Anteilnehmen an unheilbarem Leid und unlösbaren Lebenskrisen kann nicht in Erfolgsparametern ausgedrückt werden. Seelsorge wird hier anders als lediglich in Zahlen kommunizieren müssen, um die Bedeutung ihres Tuns anschaulich und sichtbar zu machen. Gerade mit ihrer kritischen Distanz zu einer ausschließlich erfolgsorientierten Sichtweise im Krankenhaus leistet sie als theologische Profession einen maßgeblichen Beitrag."[39]

Haart bezieht sich explizit auf Jäger, wenn sie die Gefahr sieht, dass Spiritualität zur Chiffre wird im Sinne einer „positiv besetzten Unternehmenskultur".[40]

Zum Schluss plädiert sie für eine Gratwanderung der Seelsorge: „Die Entscheidung zwischen Dienstbarkeit und Widerständigkeit muss täglich neu gesucht werden."[41]

Für diese tägliche Auseinandersetzung braucht es zur Stärkung der eigenen Kultur eine Zusammenarbeit vor Ort auch im ökumenischen Sinne. Aus- und Fortbildung müssen die Voraussetzungen schaffen für eine ethische und theologische Kompetenz. „Dazu gehören eine biblisch fundierte Option für die Armen, ein christliche reflektiertes Gesundheitsverständnis, das der Verdrängung des Todes und des Leids widersteht und die ethischen Prinzipien der Gerechtigkeit und der Solidarität." [42]

38 Ebd. S. 100.
39 Ebd. S. 100.
40 Ebd. S. 101.
41 Ebd. S. 102.
42 Ebd. S. 103.

Zunehmend gibt es Refinanzierungsmodelle zwischen Krankenhaus und Kirche für die Krankenhausseelsorge. Diese müssen vertraglich so gestaltet sein, dass für die Seelsorge Freiräume erhalten bleiben. Die Dienst- und Fachaufsicht und damit verbunden auch die Qualitätssicherung sollen an die berufsständischen Strukturen gebunden bleiben.

Den Kliniken muss klar gemacht werden, dass eine „[...] systemfremde Sichtweise [...], nur in dieser Unabhängigkeit möglich ist – und dem Krankenhaus einen Nutzen, nicht in der Weise von Nützlichkeit, sondern in Form einer Not-Wendigkeit bringt [sic].“[43]

Haart möchte um den Preis der begrenzten Bedeutung von Seelsorge im Krankenhaus ihre Unabhängigkeit bewahren. Damit soll Seelsorge ihren originären christlichen Auftrag wahrnehmen, solidarisch mit den jeweiligen Schwachen zu sein, ihre Option für die Armen wahrzunehmen.

In der Tat ist es der Medizin gelungen, die Grenzen des Lebens weit zu verschieben. Dennoch steuert sie natürlich auf diese Grenze zu, ohne sie rechtzeitig zusammen mit den Patient*innen in den Blick zu nehmen und nach Möglichkeit anzuerkennen. Eine Krankenhausseelsorge, die das Leben von diesen Grenzen aus wahrnimmt, kann in der Tat der Medizin die Relativität ihres Tuns vor Augen führen. Indem Haart die Seelsorge von der Medizin mit der Kategorie krank oder gesund abgrenzt, verortet sie diese gleichzeitig in einer gewissen Opposition zum Krankenhaus. Sie definiert den Ort von Seelsorge anhand der Kritik am Wirtschaftsunternehmen Krankenhaus, das gezwungen ist, im Sinne der Ökonomie in Erfolgen zu denken. Wenn diese nicht mehr zu erzielen sind, bei Sterben und Tod, zieht sie sich zurück. Diese Lücke soll Seelsorge schließen. Dafür ist es notwendig, dass sie eben nicht am Erfolg im Sinne des Krankenhauses beteiligt ist, sondern diesem Denken eine Alternative entgegensetzt.

Zu berücksichtigen ist aber, dass auch Kliniken erkannt haben, dass es einen Punkt gibt, an dem ihr von Ökonomie und Schulmedizin geprägtes Denken an ein Ende gerät. Indem es Palliativstationen gibt, oder auch von Krankenhäusern betriebene Hospize, haben diese darauf schon seit Längerem reagiert und zeigen sich damit auch verantwortlich für den Bereich, an dem die sog. Schulmedizin nicht mehr erfolgsorientiert arbeiten kann, sondern nur noch Leid lindernd wirkt. Es ist der Zeitpunkt der offensichtlichen Kontingenz.

---

43 Ebd. S. 103.

Der Kontrast – Schulmedizin hier, Seelsorge dort – wird bei Haart scharf gezeichnet. Zu wenig beachtet Haart, dass man sich auch im ärztlichen und pflegerischen Bereich einen ehrlichen Umgang mit den Möglichkeiten, aber auch Grenzen der Medizin und zumindest teilweise auch eine verantwortete Zurückhaltung bei allem zunächst technisch Machbaren wünscht.

Auch kann Seelsorge nicht erst im palliativen Setting ihren Ort finden. Kontingenzerfahrung gibt es überall im Krankenhaus, auf der Geburtsstation, in der Unfallchirurgie oder in den vielen verschiedenen Abteilungen der Inneren Medizin. Es stellt sich die Frage, ob eine Opposition von Seelsorge und Medizinbetrieb die heutige Situation richtig schildert, oder ob nicht eher im Sinne einer Kontinuität der Arbeit am Patienten eine Kooperation gewünscht und möglich ist.

Grundsätzlich bezieht Haart Qualität in ihre Überlegungen ein. Ihr geht es v. a. darum zu fragen, was Qualität in der Seelsorge bedeutet. Klar benennt sie, was es aus ihrer Sicht nicht bedeuten kann, nämlich seelsorgliche Qualität anhand von Fallzahlen zu erfassen, da dies eine rein quantitative Erfassung der seelsorglichen Leistungen bedeutet. Welche Parameter allerdings dazu geeignet wären, seelsorgliche Qualität zu erfassen, schreibt sie nicht. Sie benennt aber Leitlinien seelsorglichen Tuns, die als theoretische Grundlage von Qualitätskriterien dienen könnten (biblisch fundierte Option für die Armen, christlich reflektiertes Gesundheitsverständnis, die ethischen Prinzipien der Gerechtigkeit und der Solidarität).

2.3 Seelsorge im Zwischenraum

Das Seelsorgekonzept von Michael Klessmann

Michael Klessmann positioniert die Seelsorge am Rand des Systems. Unter Hinweis auf eine prophetische Funktion der Seelsorge bekommt diese Position eine gesellschaftliche Dimension.

Bei Klessmann geschieht die Abgrenzung zum Krankenhaus aus anthropologischen Erwägungen: „In der schulmedizinischen Logik, die bestimmt ist von objektiv nachweisbaren Ursache-Wirkungs-Relationen, hat ein religiös fundiertes Wirklichkeitsverständnis keinen Platz.“[44] Gegen die cartesianisch geprägte Schulmedizin als Reparaturbetrieb des Organismus setzt er das Bild des Menschen als von „Gott geschaffenes Geheimnis mit einer unverlierbaren

---

44 Klessmann 2019, S. 391

Würde".[45] Der Mensch als Beziehungswesen, der seine Identität in vorgefundener Abhängigkeit von einem Schöpfer, aber auch in Abhängigkeit vom anderen Menschen finden muss.

Bevor sich ein modernes Gesundheitssystem herausbildete, wurde über Jahrhunderte die allgemeine Sorge für den jeweiligen Kranken nach christlichem Vorbild praktiziert.[46] Mit der Entwicklung von Krankenhäusern und einem Gesundheitssystem, wie wir es heute kennen, wurde die Seelsorge für Kranke zur Krankenhausseelsorge. Die Seelsorge findet in einem System statt. Für seine Verortung der Seelsorge in diesem System wählt Klessmann den Begriff „Zwischenraum", in dem die Seelsorge zwischen Kirche und Krankenhaus agiert: „Der Auftrag zur Seelsorge kommt von der Kirche – er wird ausgeführt im Krankenhaus"[47]. Seelsorge richtet sich an die Menschen, die durch Krankheit oder Unfall in eine Krise geraten sind und an deren Angehörige und Freunde, an das Personal der Institution und an die Institution selbst und hier auch deren „Betriebsklima" und „Kommunikationskultur".[48]

Zu ihren Aufgaben gehört das Gespräch mit einzelnen Patienten und Patientinnen, die Begleitung von Angehörigen, die Zusammenarbeit mit ärztlichem und pflegerischem Personal, und auch deren seelsorgliche Begleitung, sowie das Angebot von Gottesdiensten und die Mitwirkung bei ethischen Problemlagen. Im Zentrum steht aber die „[...] Begleitung von schwerkranken und sterbenden Menschen sowie [die] Arbeit auf den Intensivstationen [...]."[49]

So wie Seelsorge zwischen Kirche und Krankenhaus steht, steht sie auch zwischen Patient*innen und Mitarbeitenden. Das schafft unabhängige Freiräume, die ihr eine „kritische Stellungnahme ermöglichen."[50] Der Preis dafür ist „strukturelle Marginalität" ohne einen stringenten Zusammenhang mit den Zielen der Medizin und Pflege, wie sie stattdessen in Jägers Modell zentraler Bestandteil ist.[51] Anhand von Beispielen aus dem Seelsorgealltag macht er deutlich, wo Seelsorge in Zwischenräumen mit einer „prophetischen Dimension"[52] agiert. Sie kann dabei zwischen Ärzt*innen und Patient*innen, Pflegenden und Patient*innen oder auch Mitarbeitenden und Klinikleitung

45 Ebd. S. 395.
46 Vgl. Bsp. zur historischen Entwicklung der Seelsorge am Kranken und schließlich zur Krankenhausseelsorge auch: Klessmann, Michael. Von der Krankenseelsorge zur Krankenhausseelsorge – historische Streiflichter 34– 41.
47 Klessmann Seelsorge. Begleitung, Begegnung, Lebensdeutung im Horizont des christlichen Glaubens. S. 352–352.
48 Ebd. S. 351.
49 Ebd. S. 352.
50 Ebd. S. 353.
51 Ebd. S. 353..
52 Vgl. Klessmann 2019, S. 393.

vermitteln und bei Bedarf auch auf Schwächen des Systems aufmerksam machen und sich auf die Seite der jeweils Schwächeren stellen. „Seelsorge ist von ihrer kirchlichen Trägerschaft her nicht in die Hierarchie des Krankenhauses eingebunden, unterliegt nicht ärztlicher oder pflegerischer Weisungsbefugnis. Diese Anstellungsmodalitäten ermöglichen der Seelsorge große Freiheit, die sie im Sinne einer Anwaltschaft und Parteinahme für die jeweils Schwächeren in der Institution nutzen kann.“[53]

Klessmann grenzt sein Modell innerkirchlich gegen ein kerygmatisches Modell (evangelisch) mit missionarischem Charakter und auch gegen eine reine Sakramentenpastoral (katholisch) ab, aber auch gegen ein zu starkes Eindringen ins Krankenhaus im Sinne einer eigenen Dienstleistungsstelle (Schneider-Harpprecht) oder eine mit Management-Funktion ausgestattet Seelsorge (Jäger).

Die Argumentationslinien Klessmanns entsprechen teilweise denen von Haart. Die Autonomie von Seelsorge gegenüber der Klinik und Klinikleitung ermöglicht ihr eine kritische Position zum Schutz der ihr anvertrauten Kranken und Mitarbeitenden. Dieses Modell bezieht sich auf ein konfessionelles Haus, wohingegen das von Jäger, wie gezeigt, auch auf Krankenhäuser in öffentlicher oder privater Trägerschaft übertragen werden kann.

Es geht um Wahrnehmung des ganzen Menschen als beziehungsfähiges Wesen aus Körper und Geist, gegen die Reduzierung des Menschen durch die Schulmedizin als Reparaturbetrieb für den Körper. Es geht um Raum für das Scheitern, für das nicht mehr machen können, für das Sterben und den Tod. Auch hier geht es um Anwaltschaft für die Menschen, die Fürsprache brauchen, die, die selbst nicht mehr für sich sprechen können,[54] alte Menschen, unheilbar Kranke und Sterbende, psychiatrisch Kranke, Demenzkranke, Alleinstehende, sozial Benachteiligte. Gemeint sind all die Gruppen, die mit ihren Problemen nicht in die durchökonomisierten Abläufe der Kliniken passen, die nicht einfach mitlaufen, die nicht verstehen, die Zeit und Kraft kosten und damit die Ressourcen des Systems beanspruchen, die am knappsten sind. Deswegen sollte Seelsorge auch für die da sein, die diese Ressourcen zur Verfügung stellen. Auch hier kann Seelsorge Anwalt sein, für die Angestellten der Klinik gegenüber der Leitung, aber auch gegenüber der gestaltenden Politik und nicht zuletzt gegenüber der Gesellschaft, indem sie auf die Probleme und Missstände in Kliniken aufmerksam macht.[55]

---

53 Ebd. S. 394.
54 Ebd. S. 398.
55 Ebd. S. 398.

Zum Schluss spricht Klessmann noch einmal „[…] von der prophetischen Dimension der Seelsorge, von ihrer Fremdheit und Widerständigkeit im Krankenhaus, […] die ‚kritisch-konstruktiv' die Institution in den Blick nehmen muss.[56] Und weiter: „Damit wird Seelsorge zu einer Gratwanderung zwischen individueller Zuwendung und sozialkritischer Aufmerksamkeit genötigt, zu einem Oszillieren zwischen religiöser Welt- und Lebensdeutung und medizinischer Wirklichkeitserfassung und den Sachzwängen, die daraus für das Behandeln im Krankenaus erwachsen."[57]

Die Autonomie der Seelsorge liegt sowohl Haart als auch Klessmann am Herzen. Beide sehen den Schwerpunkt der Seelsorge in der Zuwendung zum bedürftigen Patienten und in einer anderen Wahrnehmung von Krankheit. Es ist wichtig, den Bruch der persönlichen Lebensgeschichte von Patient*innen im Rahmen ihrer Krankheitsgeschichte in Kontrastierung zum Krankheitsverständnis der Schulmedizin zu setzen und auch dann für die Patient*innen da zu sein, wenn keine Heilung und Hilfe mehr möglich ist.

Klessmann sieht Seelsorge aber auch in Verantwortung für die Mitarbeitenden im Krankenhaus, die selbst sowohl an den Schicksalen der ihnen Anvertrauten Anteil nehmen, wie aber auch an den Widersprüchen des Systems. Die Marginalisierung der Seelsorge darf nicht dazu führen, dass sich Seelsorge nur für die Patient*innen verantwortlich fühlt. Seelsorge ist Beziehung. Pflegende, Sozialarbeiter*innen, Ärzte und Ärztinnen, auch Stationshilfen gehen Beziehungen zu Patient*innen ein. Die einen Beziehungen sind von den anderen nicht zu trennen, Seelsorge hat in diesem Beziehungsgeflecht alle im Blick zu behalten.

Durch die prophetische Dimension schreibt er Seelsorge außerdem eine gesellschaftliche Verantwortung zu, indem diese z. B. der Politik gegenüber auf Missstände im Krankenhaus aufmerksam macht.

An anderer Stelle geht Klessmann genauer auf die Bedeutung speziell der Qualität für die Krankenhausseelsorge ein und benennt Qualitätskriterien die im Rahmen von Qualitätsicherung zur Anwendung kommen.[58] Auf diese werde ich in Kapitel 9 eingehen.

---

56 Ebd. S. 401.
57 Ebd. S. 401.
58 Siehe u. a.: Klessmann 2009, S. 119–132; ders. 2002, S. 144-154.

2.4 Seelsorge als eigener Dienstleistungsbereich im Krankenhaus

Das Seelsorgekonzept von Christoph Schneider-Harpprecht

Während bei Klessmann und Haart das Interesse v.a. darauf gerichtet ist, den autonomen Status der Krankenhausseelsorge zu bewahren, um unabhängig und auch oppositionell sein zu können, geht Schneider-Harpprecht in seinem Artikel „Das Profil der Seelsorge im Unternehmen Krankenhaus"[59] einen anderen Weg. Er formuliert die These: „Krankenhausseelsorge kann ihre Aufgabe [...] am besten wahrnehmen, wenn sie sich als eigener Dienstleistungsbereich des Unternehmens Krankenhaus organisiert, steuert und qualitativ überprüfbar wird."[60] Dies stellt er explizit in Abgrenzung zu dem Modell von Klessmann, der Seelsorge im Zwischenraum, dar. „Der Nachteil des Leitbildes Seelsorge im institutionellen ‚Zwischen-Raum' besteht darin, dass damit ihre strukturelle Marginalität festgeschrieben wird. Rolle und Funktion der Seelsorge bleiben für die MitarbeiterInnen und PatientInnen des Krankenhauses letztlich undurchschaubar. Für die Beteiligten ist nicht deutlich, inwiefern sich die Seelsorge mit den Zielen des Unternehmens Krankenhaus identifiziert [...]"[61].

Schneider-Harpprecht möchte Seelsorge mehr in das System Krankenhaus integriert sehen. Seelsorge soll zu einem eigenen Dienstleistungsbereich im Krankenhaus werden.

Wie einer solcher Dienstleistungsbereich auszusehen hat, welches seine Aufgaben sind und wie er entwickelt wird, stellt Schneider-Harpprecht an 12 Thesen dar. Wichtige Punkte daraus werden im Folgenden herausgegriffen.

Die erste These lautet: „Krankenhausseelsorge ist die christlich-religiöse Hilfe zur individuellen und gemeinschaftlichen Gestaltung des Lebens angesichts von Krankheit und Gesundheit, Geburt, Sterben und Tod im Krankenhaus."[62] In den folgenden Thesen wird dies inhaltlich und strukturell ausgearbeitet. Hierzu bietet Krankenhausseelsorge eine „kleine Transzendenz" der Begegnung mit anderen und die „große Transzendenz der Begegnung mit dem göttlichen Lebensgrund" an (2. These).[63] Es geht darum, in Abgren-

---

59 Schneider-Harpprecht, 2002, S. 424-438.
60 Ebd. S. 426.
61 Ebd. S. 427–428
62 Ebd. S. 431.
63 Ebd. S. 431.

zung zu anderen Diensten wie Sozialdienst oder psychologischer Dienst, „das christlich religiöse Wirklichkeitsverständnis“ zur Geltung zu bringen. „Seelsorge geschieht als Systembegleitung“ mit christlicher Beziehungskultur (3. These). „Als Dimension des Zusammenlebens ist Krankenhausseelsorge ein integraler Bestandteil der Organisation…“.[64] Sie soll ihre Kompetenz bei der Gestaltung des Leitbildes, der Unternehmensphilosophie und der Unternehmensethik einbringen (4. These). Für diese Funktionen ist es notwendig, dass Krankenhausseelsorge ein eigener Dienstleistungsbereich wird. Im Rahmen dessen soll sie sich auch der Qualitätskontrolle unterziehen (5. These). Das von der Krankenhausseelsorge mitentwickelte Leitbild ist Bestandteil der Unternehmensverfassung, die wiederum für die Krankenhausseelsorge verbindlich ist. Es entsteht ein reziprokes Verhältnis von Seelsorge und Krankenhaus (6. These). Die Seelsorge bleibt aber eigenständig gegenüber der Geschäftsleitung. „Sie wird vom Krankenhaus als kritisches Gegenüber gewünscht.“[65] Sie kann dann „in Konfliktfällen eine prophetische Funktion wahrnehmen, auf Missstände hinweisen, Anwaltsfunktion für Benachteiligte und Schwächere übernehmen“[66] (7. These). Damit dies gelingt, sind interne Regelungen der Dienst- und Fachaufsicht zur treffen, um die Unabhängigkeit der Krankenhausseelsorge sicherzustellen.

Die Seelsorge ist dann Aufgabe aller Glaubenden im Krankenhaus. Seelsorge hat daher die seelsorgliche Kompetenz aller zu fördern (8. These). Die Entwicklung dieses Dienstleistungsbereiches ist prozesshaft (9. These), so dass in deren Entwicklung nach Planung und Umsetzung auch Re-Evaluation vorgesehen ist. Unter Einbeziehung der Erwartungen der Ärzte und Ärztinnen, Pflegenden, Patient*innen und Angehörigen sollen die jeweiligen Rollen der Seelsorge entwickelt werden, z. B. als Berater*in, Liturg*in oder Tröster*in. (10. These). Auch die Rollen innerhalb der Organisation, z. B. Ethikberatung oder Schulunterricht an Pflegeschulen sind zu definieren (11. These). Bei den vielfältigen Rollen sind die Hauptaufgaben dabei aber im Blick zu behalten, hier v. a. das Begleiten von Schwerkranken und Sterbenden (12. These).

Anhand der Leistungskriterien für ein Departement „Spiritual Care“ der Health Care Chaplaincy Standards (1993) macht Schneider-Harpprecht beispielhaft deutlich, wie die o. g. Schritte bei der Entwicklung eines Dienstleistungsbereiches Seelsorge ausformuliert sein können. Da Spiritual Care ein Konzept einer Spiritualität im Krankenhaus ist, bei dem alle dort

---

64 Ebd. S. 432.
65 Ebd. S. 433.
66 Ebd. S. 433.

Mitarbeitenden Verantwortung für Spiritualität übernehmen, verwundert es nicht, dass hier bereits Formen einer Krankenhaus-Seelsorge-Abteilung bestehen. Interessanterweise führt dies im letzten Kapitel zu einer Auseinandersetzung mit dem Thema Qualitätsmanagement. Dabei wird die Arbeit mit Qualitätsmanagement positiv bewertet. Schneider-Harpprecht zitiert hier Georg Vischer, anlässlich der Frühjahrssynode 2001 der Evangelischen Landeskirche in Baden: „Es ist unabdingbar, dass kirchliche Mitarbeiterinnen und Mitarbeiter den Erfolg ihrer Arbeit erfassen und nachvollziehbar darstellen können."[67]

Im Weiteren beruft er sich auf proCum Cert zur Darstellung von Struktur- und Prozessqualität. Auch die Erfassung von Ergebnisqualität kann sinnvoll sein, da sich zeigt, dass Seelsorge auch positiven Einfluss auf den Krankheitsverlauf haben kann. Er bezweifelt allerdings, das dies in deutschen Krankenhäusern auf Interesse stößt.[68] Den Schwerpunkt der Qualität sieht er aber im „Beitrag der Seelsorge für das System Krankenhaus, das Wohlbefinden und die Qualität der Arbeit, seine Akzeptanz in der Bevölkerung"[69].

Zusammenfassend schreibt er: „Seelsorge im Unternehmen Krankenhaus: Das weckt zunächst den Eindruck, als sollten nun wirtschaftliche Interessen, Effizienzüberlegungen und die Bedürfnisse des Kunden in der Seelsorge über Ziele und Methoden der Arbeit bestimmen. Für Pastoralpsychologen dürfte deutlich sein, dass die sensible Wahrnehmung von Bedürfnissen nicht gleichbedeutend ist mit einer Instrumentalisierung von Seelsorge und dem Verlust ihres evangelischen Propriums. Es geht um ihre strukturelle Einbindung in die Organisation, die Überwindung der Marginalisierung, erhöhte Akzeptanz und den konkreten Aufweis der Relevanz von Seelsorge für das System Krankenhaus. Der Preis dafür ist, dass die im Unternehmen Krankenhaus integrierte Seelsorge stärker in die Pflicht genommen wird, dass ihr Beitrag eingefordert wird."[70]

Die Entwicklung eines Dienstleistungsbereiches Seelsorge im Krankenhaus ist bei Schneider-Harpprecht prozesshaft angelegt, und ist damit bereits qualitätsgeleitet. Fußend auf einer ersten, theologischen These werden die inhaltlichen, aber auch strukturellen Voraussetzungen für einen solchen Prozess dargestellt und Evaluation im Prozess gefordert. Das Ganze führt dann zu einer Implementierung von Qualitätsmanagement als logischer

---

67 Visher 2001.
68 Schneider-Harpprecht 2002, S. 438.
69 Ebd. S. 438.
70 Ebd. S. 438.

Folge dieses Prozesses. Es ist bemerkenswert, wie Schneider-Harpprecht in seinen Thesen die zuvor diskutierten Probleme aufnimmt und versucht, sie einer Lösung zuzuführen.

Während Haart und Klessmann versuchen, die besondere Rolle der Seelsorge im Krankenhaus durch eine gewisse Marginalität zu sichern, möchte Schneider-Harpprecht genau diese überwinden. In der strukturierten Darstellung seines Modells anhand von Thesen, ist die erste These wie ein Leitbild verfasst und Krankenhausseelsorge wird hier als christlich theologische Lebenshilfe verstanden.

So verankert Schneider-Harpprecht die Seelsorge im Sinne eines eigenen Dienstleistungsbereichs deutlicher im Krankenhaus als Haart oder Klessmann. Der Begriff Dienstleistungsbereich gehört klar in die Begrifflichkeit und Logik eines Krankenhauses. Seelsorge bekommt damit eine stärkere Position im Krankenhaus, ähnlich dem Sozialdienst oder einem psychologischen Dienst. Dennoch geht er nicht so weit wie Jäger. Die Spiritualität bei Schneider-Harpprecht ist christlich. Im Mittelpunkt der Aufgaben der Seelsorge steht nach wie vor die Zuwendung zum einzelnen Kranken. Mit seiner letzten These (Nr. 12) rückt er diese Aufgaben noch einmal ins Zentrum und gibt ihr Priorität vor allen anderen von ihm angeführten Aufgaben der Seelsorge. Indem er dies zum Ende noch einmal betont, scheint ihm selbst auch die Gefahr ausufernder Zuständigkeiten der Seelsorge vor Augen zu stehen.

Seelsorge als Dienstleistungsbereich zu bezeichnen, ist ihm auch wichtig, da er in Anlehnung an Spiritual Care alle im Krankenhaus Tätigen an der Seelsorge beteiligt sieht (These 8). Es geht ihm ja darum, Seelsorge nicht als Marginalität stehen zu lassen, sondern sie im Haus für alle erkennbar und wahrnehmbar zu machen. Er möchte an dieser Stelle mehr Interprofessionalität. Damit liegt in dem Modell von Schneider-Harpprecht eine Chance zur Seelsorge auf Augenhöhe, da sie sich in ihrer Entwicklung und Strukturierung im Sinne von Qualität einer Form bedient, die dem Krankenhaus vertraut ist und die in der Anwendung von Qualitätsmanagement die Sprache des Krankenhauses sprechen kann.

Schneider-Harpprecht verzichtet auch nicht auf die Anwaltsfunktion von Seelsorge, die diese für Benachteiligte und Schwächere ergreifen soll (7. These). Er schlägt vor, die dafür notwendige Unabhängigkeit der Seelsorge von der Leitung vertraglich zu sichern – eine Möglichkeit, die auch Haart beschreibt. Schneider-Harpprecht wünscht sich, dass Klinikleitung sich geradezu eine kritische Seelsorge leistet. Hier könnte ein Schwachpunkt des Ansatzes liegen. Selbst wenn Seelsorge eine vertragliche Unabhängigkeit behält, heißt das nicht, dass von ihr geübte Kritik und Vorschläge zur Verbesserung gehört, geschweige denn umgesetzt werden.

2.5 Das Ganze ins Spiel bringen

Das Seelsorgekonzept von Michael Fischer

Der Beitrag von Michael Fischer steht am Ende der Darstellung unterschiedlicher Seelsorgekonzepte. Er verortet Seelsorge an verschiedenen Stellen, wie z. B. der Qualität, stärker im Krankenhaus als z. B. Haart. Er verzichtet dabei aber auf konkretere strukturelle Überlegungen wie Jäger oder Schneider-Harpprecht. Seine Überlegungen bleiben im Grundsätzlichen und eignen sich daher besonders für diese Arbeit, die auch Grundsätzliches darstellt und keine differenzierten Entwürfe bietet.

Fischer zentriert in seinem Beitrag im Handbuch zur Krankenhausseelsorge „Seelsorge in einem konfessionellen Krankenhaus – das Ganze ins Spiel bringen“[71] den Begriff des Ganzen aus einer christlichen Perspektive. Dabei ist dieser Begriff „das Ganze“ nicht eindeutig zu definieren, weil jeder ihn anders versteht. Durch die Kopplung an die christliche Perspektive ist dieser aber zunächst ausreichend gefasst und kann von dort weiter entfaltet werden.

*„Seelsorge im Krankenhaus begleitet Menschen, die an die Grenze ihres Gestaltungsvermögens stoßen, weil ihnen das eigene Dasein aus der Hand genommen oder neu in die Hand gegeben wird. In diesen Situationen stellen sich die Fragen nach dem Sinn, dem Woher und dem Wohin des Ganzen. Hier bringen Seelsorgende das Ganze ins Spiel. Sie tun das in vielfältiger Weise: in der Begleitung von Patient*innen, durch ihre Sorge für Mitarbeitende, in der Auseinandersetzung mit ethischen Fragen, in Gebeten, Ritualen und der Feier von Patrozinien, in der Betreuung Ehrenamtlicher oder der Begleitung von Menschen unterschiedlicher Kulturen und Religionen. Und schließlich durch ihre persönliche Glaubwürdigkeit.“[72] Dabei ist der ganze Mensch in den Blick zu nehmen, auch unter Berücksichtigung verschiedener Kulturen und Religionen. Die Aufgabe ist wiederum in einem Ganzen zu tun, nämlich in der Klinik, dazu gehören auch alle Mitarbeitenden, denen sich die Seelsorge zuwendet, da diese ihrerseits Sorge für die Patient*innen übernehmen. „Dieser Blick auf das Ganze beinhaltet alle, nicht nur die Kranken, sondern auch die Gesunden und Starken. Also jene Menschen,*

71 Fischer, 2019, S. 104
72 Ebd. S .104. in Anlehnung an Hemmerle 1977, S. 142.

die für die Kranken die Sorge übernommen haben: in pflegerischer, ärztlicher oder sozialer Hinsicht, auch aus einer Sorge für das wirtschaftliche Wohlergehen des gesamten Krankenhauses."[73]

Seelsorge muss ihren Platz finden aus der Institution Kirche kommend, in die Organisation des Krankenhauses gehend, von der Glaubensgemeinschaft gesandt, im Dienstleistungsunternehmen Krankenhaus arbeitend, das heute als Spiegel der Gesellschaft kulturell, religiös und spirituell plural verfasst ist.[74] Durch die Grenzerfahrung von Krankheit und Tod kommt der ganze Mensch in den Blick. Details einer Krankengeschichte treten zurück und lassen den Menschen alleine vor seinem ganzen Leben stehen. Diese Situationen sind oft von Ohnmacht und Sprachlosigkeit geprägt und Schweigen kann die Antwort sein. Seelsorge durchbricht hier die Logik des Heilungsbetriebs des Krankenhauses. „Die zentrale Bedeutung der Seelsorge ist unabhängig von gesundheitsökonomischen Erwägungen, in denen auf die Bedeutung der Seelsorge im Genesungsprozess hingewiesen wird und dadurch das Seelsorgeangebot möglicherweise zu einer finanziell lohnenswerten Größe werden kann."[75]

Das Ganze erfordert von der Seelsorge eine „Integrationsleistung"[76]. Zunächst ist vor dem Hintergrund zunehmender Aufgabenfelder im Krankenhaus wie Ethikberatung oder auch spirituelle Begleitung von Mitarbeitenden zwischen Seelsorge und Klinikleitung die Form der Zusammenarbeit zu vereinbaren. Vertraglich sind folgende Fragen zu klären: „Wer wählt die Seelsorgenden aus, die in einer Einrichtung zum Einsatz kommen? Wer übt die Dienst- und Fachaufsicht aus? Wer trägt Verantwortung für die Erstellung von Seelsorgekonzepten?"[77]

Eine weitere Integrationsleistung ist nach Fischer die Öffnung für Qualitätsmanagement: „Um der eignen Zukunft willen sollte die Krankenhausseelsorge sich dem Qualitätsdiskurs nicht verschließen. Weder behindert ein kluges, seelsorgliches Qualitätsmanagement die Seelsorge noch bürokratisiert es diese. Vielmehr dient es einer Selbstvergewisserung, der Vernetzung innerhalb einer Einrichtung, der Kommunikation zwischen den Berufsgruppen und einer professionellen Selbstreflexion."[78] Es geht um Qualität und nicht um Quantität. Eine Bürokratisierung ist zu vermeiden. Richtig eingesetzt

73 Ebd. S. 104.
74 Ebd. S. 105.
75 Ebd. S. 105.
76 Ebd. S. 107.
77 Ebd. S. 108.
78 Ebd. S. 108.

kann damit aber das ihr implizierte Ziel, den Nutzen der Patient*innen zu mehren, erreicht werden. Qualitätsmanagement dient hier der interprofessionellen Zusammenarbeit, z. B. durch Kommunikation zwischen den Berufsgruppen mit Hilfe von Dokumentation. Diese wiederum dient aber auch der Selbst- und Fremdreflexion beispielsweise in Supervision. Durch Teilnahme an Qualitätsmanagement kann eine Integration ins Krankenhaus gelingen, indem Seelsorge dieses Instrument der täglichen Arbeit im Krankenhaus selbst nutzt und damit transparent wird für das Krankenhaus und Rechenschaft sich selbst gegenüber ablegt.

Weitere Felder der Integrationsleistung sind die Zusammenarbeit von Haupt- und Ehrenamtlichen im Krankenhaus sowie das rechte Maß zwischen kategorialer und gemeindlicher Seelsorge.

Aber auch die eben schon angedeutete Pluralität im Krankenhaus wird der Seelsorge zukünftig ein neues Verhältnis zu anderen religiösen oder spirituellen Haltungen und Gemeinschaften abverlangen. Hier kommt Spiritual Care ins Spiel. Christliche Seelsorge muss hier ein klares eigenes Konzept haben und in einem konfessionellen Krankenhaus darauf achten, dass sich andere Akteure in diesem Feld an Absprachen und Vorgaben halten. Diese Pluralität darf nicht zu einer Konkurrenzsituation führen.

Das Konzept Fischers ist ebenfalls vor dem Hintergrund des sich verändernden Gesundheitssystems entwickelt. „Das Ganze" als explizit christlich benannte Perspektive kontrastiert gut, auch in Analogie zu Haart und Klessmann, zu einer Krankenhausseelsorge als Soft Management mit Spirit-Qualitäten. „Das Ganze" übersteigt dabei die Begrenzung von gesund und krank, indem es auch das Scheitern umfasst, und aushält, Antworten schuldig zu bleiben. Dabei ist die zentrale Aufgabe von Seelsorge „unabhängig von gesundheitsökonomischen Erwägungen".[79] Dadurch hat Seelsorge weiterhin die Möglichkeit auch systemfremd zu handeln. Er entwirft keine komplexe, wie auch immer organisierte Abteilung Seelsorge, sondern beschreibt eher pragmatisch, je nach Situation vor Ort, welche Integrationsleistungen von Seelsorge notwendig sind, so sie seinem Leitbild folgt, das Ganze ins Spiel zu bringen. „Auf die Steigerung der Komplexität ihres Umfeldes kann die Krankenhausseelsorge nicht mit einer Selbstreduktion reagieren. Vielmehr ist situations-, orts- und personenbezogen, entsprechend den konkreten Herausforderungen und Möglichkeiten, eine sinnvolle Auswahl der Aufgabenfelder

---

79 Ebd. S. 105.

zu treffen. Damit dies zufriedenstellend gelingen kann, sind – ohne in ideologische Grundsatzpositionen zu verfallen – verbindliche Formen der Zusammenarbeit zu erarbeiten."[80]

An mehreren Stellen wird diese Zusammenarbeit als notwendig dargestellt. Zum einen, um auch die Mitarbeitenden aus Pflege, Medizin, Psychologie und anderen Bereichen seelsorglich betreuen zu können, zum anderen, um gemeinsam für Patienten und Patientinnen da zu sein.

Qualitätsmanagement kommt neben einem Ort der Selbstreflexion auch Bedeutung als Ort der Interkommunikation zu.

Während Haart und Klessmann eine gewisse Distanz zum System Krankenhaus halten, entwickeln Jäger und Schneider-Harpprecht sehr konkrete Modell einer Krankenhausseelsorge mit ausdifferenzierter Integration. Eine zunehmende Integration ist auch für Fischer wichtig und wird anhand verschiedener Bereiche dargestellt. Er verzichtet dabei aber auf konkrete strukturelle Vorgaben und lässt so Raum für gleichermaßen eher pragmatische wie kreative Lösungen, die die jeweilige Situation vor Ort berücksichtigen. Einer Ökonomisierung der Seelsorge erteilt auch er eine Absage und stellt die Hauptaufgabe, das Wahrnehmen der Kontingenz, zusammen mit dem Kranken in den Mittelpunkt. Ein Schwerpunkt seelsorglichen Tuns, der auch besonders Haart und Klessmann am Herzen liegt.

80 Ebd. S. 107.

3 Krankenhausseelsorge – Qualität als Ort der Reflexion und Interaktion

Ausgehend von einer Bestandsaufnahme der Situation in den Krankenhäusern wurden verschiedene Verhältnisbestimmungen der Krankenhausseelsorge zum Krankenhaus dargestellt. Aufgrund der gesellschaftlichen und ökonomischen Entwicklungen ist eine Neuverortung der Seelsorge im Krankenhaus notwendig. Zu nennen sind die nachlassenden Ressourcen der Kirchen in materieller und personeller Hinsicht, aber auch die wachsende Pluralität der Gesellschaft, und hier besonders verschiedenste Formen von Religiosität und Spiritualität bzw. der zunehmende Bedeutungsverlust von Religiosität. Des Weiteren die ausführlich dargestellten Veränderungen im System Krankenhaus, die durch die strikte ökonomische Ausrichtung angestoßen sind und die ein Qualitätsmanagement hervorgebracht haben, dem sich alle Berufsgruppen im Krankenhaus stellen mussten.

Bei der Neuverortung der Seelsorge geht es um die schwierige Gratwanderung zwischen notwendiger Nähe zum System Krankenhaus und der gewünschten Distanz als Ort einer kritischen Position zu eben diesem System. Es zeigt sich, dass das Krankenhaus die Übernahme vielfältiger Aufgaben durch die Seelsorge wünscht. Dazu gehört die Beratung in ethischen Fragen, die Ausbildung und Unterstützung der Mitarbeitenden in religiösen, ethischen und weltanschaulichen Dingen, aber auch allgemein die Sorge für die Kultur, das Klima, den Geist (Spirit) in der Klinik. Auf der anderen Seite wird die Abgrenzung zum Krankenhaus und seiner auf Handlung, Wirkung und Erfolg ausgerichteten Denkweise für Seelsorge immer dann am dringlichsten, wenn es um die Erfahrung von Kontingenz geht.

Jäger dringt bei seinen Thesen am weitesten in das Krankenhaus vor. Seelsorge wird zu einem eigenen Management. Positiv und für die weiteren Überlegungen hilfreich ist die Einbeziehung aller Mitarbeitenden in die

Seelsorge. Damit wird deren Spiritualität Rechnung getragen und diese wiederum entwickeln mehr Sensibilität für die Spiritualität der Patient*innen. Es kommt dadurch zu einer Zusammenarbeit, die dem Wohl der Patient*innen dient. Ob diese Mitarbeiter*innen neben ihrer Hauptaufgabe in relevantem Maße Spiritualität im Sinne von Seelsorge leisten können und wollen, bleibt fraglich. Außerdem droht ein Profilverlust von Seelsorge, da sie bei weitestgehendem Verzicht auf direkten Patient*innenkontakt eher für einen allgemeinen Spirit im Krankenhaus verantwortlich zeichnet.[81]

Auch Schneider-Harpprecht entwickelt die Idee eines eigenen Dienstleistungsbereichs Seelsorge im Krankenhaus und möchte diese so tiefer im Krankenhaus verankern. Auch er bezieht in sein Seelsorgekonzept alle Mitarbeiter*innen in der Klinik mit ein und sieht Seelsorge für diese verantwortlich. Sein Konzept bleibt der christlichen Krankenhausseelsorge verpflichtet. Wichtig für die Frage dieser Publikation nach Qualität von Seelsorge ist besonders seine Einbindung von Qualität. Dabei nimmt Schneider-Harpprecht auch Bezug auf Qualitätsmanagement, wie es im Rahmen von Spiritual Care vorgeschlagen wird. Er zeigt auf, dass diese besonders an Ergebnisqualität interessiert ist und sieht dies kritisch, da die Erfassung von Ergebnisqualität sich im Rahmen von Seelsorge als schwierig bis unmöglich erweist.

Am distanziertesten bleibt Haart, aber auch sie benennt Kooperation mit anderen Professionen im Krankenhaus als notwendig. Im Hinblick auf Qualität warnt sie davor, diese nur zur Erfassung von Quantitäten zu nutzen. Sie muss die besondere Rolle auch im Sinne der Option für die Armen abbilden. Wie das aussehen könnte, beschreibt sie an dieser Stelle nicht. Ihr besonderes Augenmerk auf die Kontingenz als klassischer Ort der Seelsorge gewinnt hier in der weiteren Diskussion noch an Bedeutung. Auch Klessmann verortet Seelsorge in der Marginalität, aber die Sorge für die Mitarbeitenden und die Kooperation mit diesen ist explizit Aufgabe der Seelsorge. An anderer Stelle entwickelt er differenzierte Qualitätskriterien im Rahmen von seelsorglichem Qualitätsmanagement, insbesondere, um Seelsorge transparent zu machen und sich selbst gegenüber Rechenschaft abzulegen.

Die christliche Seelsorge, die das Ganze ins Spiel bringt, entspricht bei Fischer im weitesten Sinne den theologisch geleiteten Ansätzen, wie sie auch bei Klessmann, Haart und Schneider-Harpprecht gemeint sind. Im Zentrum steht hier die Erfahrung von Kontingenz als Zielort der Seelsorge. Aber auch

---

81 Wichtig ist mir an dieser Stelle noch einmal zu betonen, dass es nicht darum geht, Seelsorge Lai*innen wie z. B. Ehrenamtlichen nicht zuzutrauen. Bedenken bestehen aber dahingehend, ob z. B. Schwestern und Pfleger*innen, die durch ihre Berufe schon erheblich herausgefordert sind, noch in relevantem Maße Seelsorge leisten können.

hier fühlt sich Seelsorge nicht nur für die Patient*innen, sondern für alle Mitarbeitenden in religiöser Hinsicht verantwortlich. Qualität und Qualitätsmanagement bekommen bei Fischer eine besondere Bedeutung bei der Integration der Seelsorge in die Klinik.

Qualität und Qualitätsmanagement spielen in allen genannten Konzepten eine Rolle. Je weiter sich Seelsorge dabei im Krankenhaus verortet, je mehr sie die Zusammenarbeit mit anderen Berufsgruppen sucht, desto deutlicher wird Qualität eingefordert. Die Modelle von Schneider-Harpprecht und Fischer beschäftigen sich mit Qualität der Seelsorge am ausdrücklichsten. Sie dient dabei erstens der Transparenz seelsorglichen Handelns, zweitens dient sie der Seelsorge selbst als Ort der Reflexion und Rechenschaft und drittens dient sie der Interprofessionalität der Seelsorge mit anderen Berufsgruppen im Krankenhaus. Indem sich Seelsorge dem Qualitätsmanagement stellt, erfüllt sie dieselben Voraussetzungen, die die anderen Berufsgruppen von Gesetzes wegen schon seit Längerem erfüllen müssen. So wird eine Zusammenarbeit auf Augenhöhe möglich, die auch Solidarität mit allen im Krankenhaus signalisiert.

Die am weitesten entwickelte und bereits in der Praxis geübte Form einer Zusammenarbeit von Seelsorge und Krankenhaus findet sich in der Spiritual Care. Spiritual Care wagt sich weit in das System Krankenhaus vor. Sie möchte gerade Distanz überwinden. Wichtig dabei ist, dass diese Einstellung ursprünglich nicht aus einer Verhältnisbestimmung zu einem Gesundheitssystem entstanden ist, das durch eine reine ökonomische Ausrichtung zunehmend in ethische Konflikte kommt. Ihre Entstehung reicht historisch wesentlich weiter zurück und verdankt sich einer anthropologischen Sichtweise auf den Menschen, die ganzheitlich genannt werden kann, und die neben einer körperlichen und psychischen auch eine spirituelle Dimension des Menschen beachtet. Damit wird sie aber interessant für ein Gesundheitssystem, das diese ganzheitliche Sicht lange aus den Augen verloren hat.[82]

82 So problematisch der Begriff der Ganzheitlichkeit ist, so oft wird er dennoch an verschiedenen Stellen und in verschiedenen Arbeiten genutzt, um genau diese anthropologische Sichtweise zu beschreiben.

4 Spiritual Care

Ein Blick in die Literatur zeigt, welche Bedeutung die Diskussion um Spiritual Care hat.[83] Während sie im englischsprachigen und europäischen Raum, z. B. auch in den Niederladen, zunehmend in den dortigen Gesundheitssystemen Verbreitung findet, ist sie hierzulande im Krankenhaus noch wenig präsent. Zu finden ist Spiritual Care v. a. im Bereich der Palliativmedizin, also an einem Punkt, an dem die Medizin sich teilweise aus der Versorgung der Kranken zurückzieht und primär für Schmerztherapie und Behandlung von Luftnot verantwortlich zeichnet, also Linderung bringen möchte. Andere Dinge können dann mehr Raum einnehmen, so auch die Spiritualität der Patient*innen. Spiritual Care meint, dass die Sorge um die Spiritualität allen am Prozess Beteiligten obliegt. In der Palliativsituation entsteht ein Team, das zunehmend unter Verzicht auf das Machbare in der Medizin den ganzen Menschen als Wesen von Leib und Seele in den Blick nimmt.

Im Klinikalltag, außerhalb von Palliation, ist Spiritual Care bisher wenig bekannt, schon gar nicht unter diesem Begriff. Dabei findet Sterben und Tod nicht nur auf Palliativstationen statt. Die Übergänge sind fließend. Akute Erkrankungen wie Schlaganfälle oder Unfallereignisse, die z. B. eine Querschnittslähmung zur Folge haben, sind zunächst auf Intensivstationen und im weiteren Verlauf auf neurologischen, internistischen oder unfallchirurgischen Abteilungen anzutreffen. Diese Fälle sind nicht unmittelbar von Sterben und Tod betroffen, aber ihr bisheriges Leben können sie in der bekannten Form nicht mehr weiterführen, sie befinden sich auch an einer Grenze des Lebens. Es ist eine Erfahrung von Kontingenz. „Seelsorge im Krankenhaus begleitet Menschen, die an die Grenze ihres Gestaltungsvermögens stoßen, weil ihnen

83 In Bezug auf Spiritual Care trifft man auf verschiedene Bezeichnungen wie Konzept oder Modell, die je auch nach Wunsch einer Abgrenzung durch die Seelsorge eingesetzt werden. Ich versuche weitestgehend, auf solche Zusätze zu verzichten. Dort, wo die Auseinandersetzung mit Spiritual Care dargestellt wird, z. B. bei Isolde Karle, werden die dort gebrauchten Bezeichnungen teilweise übernommen.

das eigene Dasein aus der Hand genommen oder neu in die Hand gegeben wird."[84] Auch ohne eine palliative Situation ist Seelsorge hier gefragt in verschiedensten Situationen von Kontingenz.

Dabei findet durch die Handelnden vor Ort Spiritualität tatsächlich auch ohne die seelsorgliche Profession statt. Vornehmlich in Gesprächen, z. B. eine Aufklärung über eine schwere, aber nicht unbedingt todbringende Erkrankung, eine Operation mit ungewissem Ausgang oder eine nebenwirkungsreiche Therapie. Die Signale kommen dann eher von den Kranken selbst. So äußern diese die Hoffnung, dass Gott für einen guten Ausgang sorgt, dass sie ein Stoßgebet zum Himmel schicken werden oder auch eine Kerze in der Krankenhauskapelle entzünden. Es liegt dann im Ermessen der Angesprochenen, Ärztin oder Arzt, Schwester oder Pfleger oder des Sozialdienstes, diesen Hinweis aufzugreifen und ggf. zu vertiefen. Er kann auch ein Anlass sein, einen Besuch der Krankenhausseelsorgenden anzubieten.

Fallvignette

Mit zwei Beispielen soll an dieser Stelle die allgemeine Gegenwart von Spiritualität im Krankenhaus verdeutlichen werden:

1. Eine 68-jährige Patientin kommt regelmäßig zur Nachsorge in die Praxis, nachdem vor zwei Jahren Lungenkrebs bei ihr diagnostiziert wurde. Als Therapie erfolgte eine Operation, es war ein sehr frühes und potenziell heilbares Krebsstadium. Alle drei Monate wird im Wechsel ein Röntgenbild oder eine Computertomographie der Lunge angefertigt. Die Patientin ist verständlicherweise bereits in den Tagen vor diesem Termin aufgeregt. Ihr ist bewusst, dass sich bei einer solchen Röntgen- oder CT-Aufnahme auch ein Rezidiv, also ein Wideraufflammen des Tumors zeigen könnte. Bei dieser Patientin ist die Aufregung sehr ausgeprägt und sehr gut zu spüren. Bisher konnte ihr immer eine gute Nachricht verkündet werden. Noch vor der Begrüßung muss ihr das Ergebnis der Röntgenuntersuchung sofort mitgeteilt werden. Sichtbar fällt ihr jedes Mal ein Stein vom Herzen. Beim letzten Mal verließ sie das Sprechzimmer mit dem Hinweis, jetzt direkt in der Kapelle eine Kerze für sich, aber auch für den Arzt zu entzünden.
2. Zunehmend begegnet Spiritualität auch im Zusammenhang mit Fragen der Sterbehilfe. Bei Gesprächen über unheilbare Erkrankungen, über Stadien einer Erkrankung, die keine Hilfe, keine Verbesserung, keine Perspektive zulassen, wird dem Arzt gegenüber zunehmend der Wunsch nach Sterbehilfe geäußert. Den Kranken ist bekannt, dass das

84 Fischer 2019, S. 104.

Bundesverfassungsgericht Sterbehilfe unter bestimmten Bedingungen zulässt. Der Staat war 2020 dazu aufgefordert, Bedingungen und Strukturen hierfür zu schaffen. Zurzeit liegen diese noch nicht vor. Eine 65-jähirge Patientin erkundigte sich nach Möglichkeiten, Sterbehilfe in Deutschland zu erhalten oder diese im Ausland wie der Schweiz oder den Niederlanden anzufragen. Neben einer Beratung bezüglich der aktuellen Situation in Deutschland, den Voraussetzungen, Sterbehilfe im Ausland wahrzunehmen, war es für sie eine spürbare Hilfe, nach spirituellen Ressourcen gefragt zu werden, ergänzt um ein Angebot, den Krankenhausseelsorger dazuzurufen. Die Sensibilität für Religiosität und Spiritualität war für die Patientin eine Unterstützung.

Eine Sorge um die Seele, ein Wahrnehmen von Spiritualität, ist nicht grundsätzlich neu in den Gesundheitsberufen. Spiritual Care versucht dies aber zu unterstützen, zu strukturieren, auszubauen und interprofessionell zu gestalten. Wichtig ist ihr dabei der Blick auch auf die Spiritualität aller Mitarbeitenden. Klinikseelsorge ist die professionelle Anbindung dieses Modells. Angestoßen und bestätigt wird diese Entwicklung z. B. durch die Resolution der WHO zur spirituellen Dimension der Gesundheitsversorgung von 1984 und führt z. B. in England dazu, dass Klinikseelsorge im Sinne von Spiritualität fester Bestandteil des Gesundheitssystems National Health System (NHS) ist im Sinne eines eigenen Departments und staatlich finanziert wird.

Traugott Roser und Simon Peng-Keller sind im deutschsprachigen Raum zwei Hauptvertreter von Spiritual Care. Insbesondere anhand ihrer Monographien und Artikel zum Thema Spiritual Care wird dieser Ansatz hier vorgestellt.

In seinem Beitrag „Spiritual Care und klinische Seelsorge im Horizont globaler Gesundheitspolitik. Chancen und Herausforderungen“ schreibt Peng-Keller: „Die Spiritual Care gibt es genauer betrachtet ebenso wenig wie es *die* Theologie, *die* Medizin gibt. Spiritual Care existiert in einer Vielzahl von Modellen und Formen. Um diese Pluralität differenzsensibel zur Geltung zu bringen, ist es ratsam, ‚Spiritual Care‘ nicht mit einem bestimmten Modell zu identifizieren, wie es dort geschieht, wo Krankenhausseelsorge in scharfer Abgrenzung gegenüber ‚der Spiritual Care‘ profiliert wird. Wenn es aus theologischer oder spitalseelsorglicher Sicht Spiritual Care gänzlich den Gesundheitsberufen zugeordnet wird, vergibt man die Chance, dieses Feld selbst mitzugestalten […].“[85]

85 Peng-Keller 2017, S 47–48.

Auch in seinem Buch „Klinikseelsorge als spezialisierte Spiritual Care" sind die Veränderungen im Gesundheitswesen Ausgangpunkt seiner Darstellung. Zu den Wandlungsprozessen gehört die „Erweiterung des biopsychosozialen Gesundheitsmodells durch eine spirituelle Dimension."[86] Der Seelsorge wird im Rahmen von Spiritual Care eine neue, wahrnehmbarere Rolle zugewiesen. Ihre Aufgabe ist es, diese Rolle zu definieren und auszufüllen. Als zweites entsteht unter dem Begriff „Postsäkularität"[87] ein Wandlungsprozess durch religiöse und weltanschauliche Pluralität. Der dritte Wandlungsprozess betrifft die Kirchen und die rückläufigen finanziellen und personellen Ressourcen. Die Kirchen müssen klären, „in welcher Weise und Intensität sie künftig seelsorglich im Gesundheitswesen präsent sein können und wollen".[88]

„Versteht man Spiritual Care als Bemühen, die spirituelle Dimension unter gegenwärtigen Bedingungen in reflektierter Weise in die Gesundheitsversorgung einzubeziehen, so ist damit eine Entwicklung bezeichnet, die nicht erst in jüngerer Zeit einsetzt."[89]

4.1 Spiritual Care – Historische Linien

Peng-Keller zeichnet zunächst die historische Entwicklung der Spiritual Care auf. Diese wird noch einmal im folgenden Kapitel im Kontext der Dokumentation aufgegriffen, soll aber hier als Weg der Spiritual Care nachgezeichnet werden.[90] Spritual Care ist nicht die Erfindung von Palliative Care und der Hospizbewegung. Schon zu Beginn des 20. Jahrhunderts entwickelte sich im Horizont der Emmanuel-Bewegung durch Zusammenarbeit des Theologen Elwood Worcester und des Arztes Richard Cabot in den USA eine gemeinsame Sorge um von Armut und Krankheit betroffene Menschen. Neben der medizinischen und sozialen wurde die spirituelle Dimension integriert. Seelsorger*innen waren Teil des Behandlungsteams. Daraus entwickelte sich die Clinical Pastoral Education. Helen Flanders Dunbar studierte Theologie, Philosophie und Medizin. Sie leitete den 1930 gegründeten Council of the Clinical Training of Theological Students (CCTTS). In dieser Position nahm sie entscheidenden Einfluss auf die Seelsorgebewegung. Auch ihr ging es um „[…] die Verwobenheit der körperlichen, psychischen und geistigen Dimensionen".[91] Die Bewegung der sog. ärztlichen Mission verband eben-

86 Peng-Keller 2021, S. 16.
87 Ebd. S. 17.
88 Ebd. S. 17.
89 Ebd. S. 19.
90 Ebd. S. 21–36.
91 Ebd. S. 25.

falls Seelsorge und Medizin, hier unter dem Aspekt der Missionierung z. B. in Kolonialgebieten. Dabei wurde aber auch der Vorwurf erhoben, die Religion nutze die Medizin nur als Vehikel zur Missionierung. Entscheidend ist an dieser Stelle aber, dass ein solches Modell von Medizin in Kombination mit Seelsorge auch an anderen Orten in der Welt Verbreitung fand, dort auch auf fruchtbaren Boden fiel bzw. auf andere lokale Konzepte stieß und davon lernen konnte oder diese auch integrierte. Die WHO konnte später als weltweit agierende Organisation der Gesundheitsversorgung Spiritualität als Bestandteil von Gesundheit und Krankheit in eine Resolution aufnehmen.

„Das Anliegen, die spirituelle Dimension im Rahmen einer kurativen, rehabilitativen, palliativen oder präventiven Gesundheitsbewegung einzubeziehen, verbindet alle bisher genannten Bewegungen und Akteure."[92] *Zunehmend wurde für diese medizinisch spirituelle Verbindung der Begriff Spiritual Care genutzt. Von hier aus fand er Eingang in die Hospizbewegung unter Führung der Krankenschwester Cicely Saunders. „Indem Cicely Saunders die Entwicklung einer evidenzbasierten Palliative Care fest mit einer interprofessionell verantworteten Spiritual Care verknüpfte, entwarf sie nicht nur ein wegweisendes Modell interprofessioneller Zusammenarbeit, sondern stellte auch die Weichen dafür, dass sich Spiritual Care in den darauffolgenden Jahrzehnten als wesentliches Element von Palliative Care im Gesundheitswesen etablieren konnte."*[93]

Mit dem Ende der Kolonialisierung, der Weiterentwicklung der Schulmedizin und der zunehmenden Säkularisierung musste sich die ärztliche Mission neu ausrichten. Zusammen mit dem Weltkirchenrat wurde die Frage erörtert, ob die Kirche sich aus den Institutionen des Gesundheitswesens aufgrund zunehmender Säkularisierung zurückziehen müsse. Man entschied sich dagegen und wollte das Feld des Heilens nicht nur anderen Akteuren überlassen. Im weiteren Verlauf hielt dann die Dimension der Spiritualität auch Einzug in eine Resolution der WHO von 1984. Erwähnenswert ist an dieser Stelle, dass die spirituelle Dimension in der WHO verknüpft ist mit der Wertvorstellung eine gerechten Gesundheitsversorgung für alle, also eine eindeutige soziale Konnotation hat. Sie verweist damit auch auf die Anfänge einer medizinischen, aber auch seelsorglichen Zuwendung zu von Krankheit bedrohten, armen Menschen.

Spiritualität ist damit nicht etwas spezifisch Christliches, das durch die Kirche ins Krankenhaus gebracht wird. Spiritualität gehört zur Verfasstheit des Menschen dazu. Sie kann religiös eingebettet sein, aber auch im

92 Ebd. S. 30.
93 Ebd. S. 31.

säkularen Kontext auftreten. Sie ist in jeder Kultur anzutreffen. Kirche als eine Trägerin von Seelsorge muss sich zu dieser Pluralität verhalten. Spiritual Care berücksichtigt diese Pluralität. Damit ist eine konfessionelle Seelsorge nicht ausgeschlossen, aber: „Deshalb ist Spiritual Care also auch nicht einfach ein neumodischer Begriff für Krankenhausseelsorge. Es ist auch kein eigener Beruf, sondern ein Querschnitt von Seelsorge, Medizin, Pflege, sozialer Arbeit und Psychotherapie."[94]

Im Zentrum steht also die Interdisziplinarität im Sinne einer Erweiterung des biopsychosozialen Gesundheitsmodells um Spiritualität durch alle Berufsgruppen, die im Krankenhaus mit den Patient*innen in Beziehung treten. Die Spiritualität jedes und jeder Einzelnen, egal ob Patient*innen, Pflegende, Sozialarbeiter*innen oder Ärzte und Ärztinnen ist für dieses Modell bedeutsam. Pneumatologisch verstanden wirkt der Geist hier „motivational und sinnstiftend".[95]

4.2 Spiritual Care in der Diskussion der Seelsorgekonzepte

Die Kritik von Isolde Karle

Wie schon in vorherigen Kapiteln dargestellt, wird Seelsorge nicht grundsätzlich so klar im System Krankenhaus verortet wie es hier im Rahmen von Spiritual Care geschieht. Sowohl Haart als auch Klessmann versuchen, Seelsorge am Rand des Systems Krankenhaus anzusiedeln. Es geht darum, eine Unabhängigkeit der Seelsorge zu bewahren, ihr die Möglichkeit zu erhalten, widerständig gegenüber dem Krankenhaus, dem Gesundheitssystem und seinen Widersprüchen zu bleiben. Gegen das auf Heilung ausgerichtete System von Medizin und Pflege soll Seelsorge einen Blick für Kontingenz und das nicht Machbare in Leben, Krankheit, Sterben und Tod wachhalten. Seelsorge ist nach wie vor besonders für die Brüche im Leben da. In ihrem Artikel in „Wege zum Menschen. Perspektiven der Krankenhausseelsorge" setzt sich Karle, wie im Untertitel benannt, mit dem Konzept der Spiritual Care auseinander.[96] Sie beschreibt dabei zunächst die Entwicklung hin zum heutigen, auf Gesundheit und Heilung spezialisierten Gesundheitssystem. Ausgangspunkt für die Verortung von Seelsorge sind dann die inzwischen aufgekommenen Irritationen seitens der spezialisierten, aber eindimensionalen Medizin und

94 Frick 2014, S. 25–26.
95 Peng-Keller 2017, S. 52.
96 Karle 2010, S. 537–556.

die Versuche der Seelsorge, darauf zu reagieren. „Während eine Organisation wie das Krankenhaus in aller Regel Kontingenz durch Handeln und Entscheiden bearbeitet, ist es das Spezifikum des Religionssystems und damit der Seelsorge, sich der Kontingenz der Welt als solcher zu stellen. Das Krankenhaus entlastet sich gewissermaßen von den großen Irritationen, von den Fragen nach Sinn und Unsinn durch Auslagerung dieser Fragen an das Religionssystem in Gestalt der Klinikseelsorge."[97] Religion hält hier der Immanenz des Systems die göttliche Transzendenz entgegen. Sie bietet eine andere Deutung der Grenzen, die im System Krankenhaus erfahren werden. Die Aufgabe von Ärzten und Ärztinnen sieht sie im Suchen nach Antworten und daraus ableitbaren Handlungen, Seelsorge hält dagegen das Unbestimmbare aus.[98]

In direkter Auseinandersetzung mit Traugott Roser sieht Karle hier die Gefahr, durch einen unbestimmten Begriff von Spiritualität diese von der Religion, hier der christlichen, zu entkoppeln und Spiritualität so für die Ziele des Krankenhauses zu vereinnahmen. Insbesondere durch Verweis auf Forschungsergebnisse aus der Palliativmedizin kommentiert sie die Gefahr, dass Seelsorge sich anhand solcher Ergebnisse in den Dienst einer die Grenzen immer weiter verschiebenden Medizin nehmen lässt. Karle hält eine zielfreie Seelsorge dagegen: „Durch Wertschätzung, Anerkennung und durch die zeitliche Präsenz, die die Seelsorger*innen mitbringen, werden Kranke emotional gestärkt und gestützt in einer für sie prekären Situation. Sie bekommen Raum, ihre Gefühle zu artikulieren und ihre Wünsche und Bedürfnisse wahrzunehmen."[99] Isolde Karle ist es wichtig, dass Seelsorge hier mit den Kranken die Sinnlosigkeit der Situation aushält und keine einfachen Antworten parat hält. „Seelsorge ist dabei zunächst einmal zielfrei. Menschen erwarten von seelsorglicher Kommunikation einen Freiraum, in dem sie wohlwollende Unterstützung erfahren."[100] Die Unterscheidung zwischen zielgerichtetem Handeln der Tätigen im Krankenhaus und der Zielfreiheit einer Seelsorge hält sie konsequent durch und stellt dies anhand verschiedener Bereiche dar. So unterscheidet sie streng zwischen einer Palliativmedizin als Ort, an dem die Medizin an ihre Grenzen kommt und dem übrigen Krankenhausbetrieb, der allein von Entscheidungen und Handlungen geprägt ist.

„Denn für das Gesundheitssystem als Ganzes [im Gegensatz zur Palliativmedizin, Anm. d. Verf.] gilt sehr wohl die Leitunterscheidung gesund/krank und nicht etwa transzendent/immanent. Das übrige Krankenhaus funktioniert nicht wie

97 Ebd. S. 542.
98 Ebd. S. 543. Karle stellt dies u. a. dar durch Rückgriff auf Luhmann 1990. S. 186.
99 Ebd. S. 546.
100 Ebd. S. 547.

die Palliativstation, es kann und darf auch nicht so funktionieren, weil es sich darum kümmern muss, Menschen nach Möglichkeit wieder gesund zu machen – durch Therapien, Operationen, Medikamente, mithin durch medizinische Entscheidungen und Handlungen. Wenn sich Seelsorge mit dem Unternehmen Krankenhaus insgesamt identifizierte und sich damit der Leitcodierung gesund/krank unterwerfen würde, gewänne sie vielleicht strukturell an Bedeutung, sie verlöre aber ihr Alleinstellungsmerkmal, ihre spezifische religiöse Perspektive, die keineswegs gegen das Krankenhaus gerichtet ist, aber doch in Differenz zu dessen Leitcodierung steht und gerade dadurch besondere Ressourcen in der Begleitung für Kranke zu erschließen vermag."[101]

Seelsorge repräsentiert Kirche und Gott und läuft Gefahr, durch zu starke Assimilation ins Krankenhaus diese Repräsentanz zu verlieren. Sie stellt das Religionssystem neben das System Krankenhaus, es kommt zu punktuellen Kontakten, Seelsorge geht nicht im Krankenhaus auf im Sinn einer vierten Säule im Gesundheitssystem.[102]

Roser hält dagegen, dass nicht nur die Palliativstation Ort von *Krisen, Brüchen und Problemen ist.*[103]

Fallvignette

In der Tat ist es so, dass die Erfahrung von Kontingenz nicht erst auf der Palliativstation oder im Hospiz beginnt. Wie oben bereits aus ärztlicher Erfahrung berichtet, findet auch auf sogenannten Normalstationen und Intensivstationen täglich die Erfahrung von Sterben und Tod und damit Kontingenz statt. Kontingenz ist nicht eine Erfahrung der letzten 6 Monate – das ist die ungefähre prognostizierte Lebensspanne, die eine Verlegung auf die Palliativstation oder ins Hospiz sinnvoll erscheinen lässt. Eine chronische Erkrankung, wie z. B. die chronische obstruktive Bronchitis, die in fortgeschrittenen Stadien eine dem Krebs vergleichbare Prognose hat, kann für den Betroffenen ein langer Weg des Sterbens sein. Im Rahmen von bei dieser Erkrankung üblicherweise schubweise auftretenden Verschlechterungen wird das Sterben regelmäßig konkret, ist seelsorglicher Beistand gefragt. Und diese Erfahrungen auf sog. Normalstationen außerhalb der Palliation machen alle dort Tätigen.

---

101 Ebd. S. 549-550.
102 Mit der Bezeichnung „Vierte Säule im Gesundheitswesen“ bezieht sich Karle auf Roser 2009.
103 Roser 2017, S. 414.

Diesen Aspekt der Mitbetroffenen, der bei Karle zumindest keine Erwähnung findet, findet bei Roser seinen Niederschlag:

„Die Seelsorge repräsentiert innerhalb der Organisation Krankenhaus ein Funktionssystem, das sich in einer Spannung zum rational-naturwissenschaftlichen System befindet. Durch ihre Einbindung kommen systemfremde Aspekte zur Geltung. In der Person des Seelsorgers oder der Seelsorgerin werden dabei nicht nur ganzheitliche Aspekt des Patienten als Person in Erinnerung gerufen, sondern sind auch Personenanteile aller Akteure und Betroffenen symbolisch präsent, die sich nicht allein auf die medizinisch-therapeutische Funktion beziehen. Darin ist begründet, dass die Klinikpfarrerin/der Klinikpfarrer auch als Seelsorgerin oder Seelsorger von Ärzteschaft und Pflegepersonal ins Vertrauen gezogen werden kann oder im Rahmen einer Einrichtung oder Station rituelle Feiern für alle gestalten kann […].“[104] *Auch Roser sieht in der Sprache der Seelsorge, und „[…] explizit durch die religiöse Kommunikation (wie Gottesdienste, Gebete, Segen) […] Distanznahme und Relativierung von vorherrschenden sozialen (naturwissenschaftlichen) Semantiken.“*[105] *Und weiter: „Innerhalb des sozialen Systems kommt der Seelsorge damit zunächst entlastende und stabilisierende Funktion zu. Sie eröffnet am Ort des Gesundheitssystems einen Raum, in dem Konflikte zwischen systemkonformem Handeln der Berufstätigen und davon abweichendem Denken der Privatperson ausgetragen werden können.“*[106]

Durch eine ausführliche Darstellung der Theoriediskussion zu systemischen Ansätzen in der Seelsorge[107] kommt Roser zu dem Ergebnis:

„Ein solche Beschreibung lässt es zu, das soziale System Krankenhaus als einen Kontext zu beschreiben, in dem die Notwendigkeit von Kommunikation sich durch die Differenzen zwischen den Beteiligten ergibt. Die Differenzen entstammen nicht zuletzt den unterschiedlichen Funktionssystemen, den Professionen und Berufsgruppen, die innerhalb des Krankenhauses zusammenarbeiten müssen. In dem Maß, in dem die Differenzen zwischen den Berufsgruppen sowohl in hierarchischer Hinsicht als auch auf der Ebene der Deutungshoheit über Sachverhalte wie Diagnostik und Bestimmung angebrachter Therapiestrategien offenkundig werden […], steigt der Bedarf an Kommunikation zwischen Vertretern und Vertreterinnen dieser Berufsgruppen, um Handlungsoptionen zu diskutieren und gemeinsames Handeln zu vereinbaren.“[108]

---

104 Ebd. S. 414.

105 Ebd. S. 415.

106 Ebd. S. 415. Roser selbst erinnert an dieser Stelle an die von Klessmann so benannte prophetische Dimension der Seelsorge im Sinne einer widerspenstigen Haltung.

107 Ebd. S. 416–429. Diese Diskussion zeichne ich hier nicht nach, da sie den Umfang dieses Kapitels übersteigen würde.

108 Ebd. S. 420–421.

Bei Karle werden mögliche Differenzen zwischen Patient*innen, Ärzt*innen, Seelsorger*innen der Leitcodierung des Krankenhaussystems krank/gesund zugeschrieben, die im Kontrast stehen zum Angebot der Transzendenz der Seelsorge. Während Karle damit die beiden Systeme nebeneinanderstehen lässt, im Sinne einer Ablösung des einen durch das andere im Prozess von Sterben und Tod, sieht Roser hier einen Gesprächsanlass für Seelsorge:

„Für eine systemische Betrachtung von Seelsorge in Einrichtungen des Gesundheitssystems ergibt sich, dass die Seelsorgeperson in ihrer Teilnahme an der Kommunikation wahrgenommen wird, die die seelsorgliche Interaktion mit Patientinnen einschließt, aber weit über sie hinausgeht. Die Formen seesorglichen Handelns im Krankenhaus (Da-Sein, Gespräche und rituelles Handeln) sind als ein eigenständiger Beitrag, in der Diktion Emleins als „Ideenbeitrag" des durch die Seelsorgeperson repräsentierten Funktionssystems Religion zu werten, der keineswegs systemfremd bleibt, sondern neben anderen Beiträgen in der Selbstregulierung des Systems einfließt und seiner Stabilisierung dient."[109]

Was sich in der Darstellung der verschiedenen Seelsorgekonzepte andeutete, steht bei Spiritual Care besonders im Mittelpunkt – die Zusammenarbeit mit den anderen Berufsgruppen im Krankenhaus auch im Sinne einer gemeinsamen Spiritualität, einer Wahrnehmung und Wertschätzung von Spiritualität sowohl der Kranken, aber auch der für sie Verantwortlichen. Dadurch rückt Spiritualität grundsätzlich mehr in das Bewusstsein des Krankenhauses.

In diesem Kapitel sollte gezeigt werden, dass tatsächlich auch aufseiten von Pflegenden, Ärztinnen und Ärzten und anderen Berufsgruppen im Krankenhaus Spiritualität eine Rolle spielt und dass es gute Gründe gibt, sich auch seitens der Seelsorge dafür zu interessieren und verantwortlich zu fühlen. Dabei ist es zunächst unwichtig, ob man von Spiritual Care spricht oder im Sinne der Seelsorge diese Tatsache überhaupt erst einmal wahrnimmt, anerkennt und überlegt, wie dies in einem Seelsorgekonzept eingebunden werden kann. Entscheidend ist, dass auch Qualität der Seelsorge ins Zentrum rückt, da sie Seelsorge für die anderen transparent macht und der Interprofessionalität dient. Vor dem Hintergrund einer Interprofessionalität werden im folgenden Kapitel die Überlegungen von Peng-Keller dargestellt, da der Autor noch einmal in besonderer Form eine Verhältnisbestimmung der verschiedenen Berufsgruppen im Kontext von kirchlicher Seelsorge und Spiritualität vornimmt.

---

109 Ebd. S. 421.

4.3 Spiritual Care unter konfessioneller Führung

Peng-Keller sieht die Rolle der Krankenhausseelsorge, hier als spezielle Spiritual Care mit ihrer fachlichen Kompetenz, in Abgrenzung zu einer mehr allgemeinen Spiritual Care, die durch die Gesundheitsberufe geleistet wird. Dies entspricht der Unterscheidung in gesundheitsberufliche und seelsorgliche Spiritual Care wie sie z. B. auch die ENHCC (Europäisches Netzwerk für Krankenhausseelsorge) vornimmt.[110] Damit kann auch zum Ausdruck gebracht werden, dass die Krankenhausseelsorge in spezieller Weise vor dem Hintergrund einer Beauftragung durch die Kirche diese auch repräsentiert und einen besonderen theologischen Anspruch geltend macht.[111] Während die Gesundheitsberufe ihren Beitrag zur spirituellen Grundversorgung leisten, ist die spezielle Spiritual Care der Seelsorge durch Professionalität gekennzeichnet. Sie bringt durch eine entsprechende Ausbildung und Theoriebildung die wissenschaftlichen Grundlagen mit, darf entsprechend die Ziele ihrer Arbeit definieren, muss dies dann aber auch transparent machen und Rechenschaft darüber geben.

Dagegen kann die Spiritualität der anderen Berufsgruppen im Gesundheitssystem, die man in diesem Zusammenhang auch als Lai*innen bezeichnen könnte, sehr unterschiedlich sein, individueller ausgestaltet und nicht zwingend der kirchlichen Tradition verpflichtet. Im Hinblick auf die hier behandelte Frage von Qualitätsmanagement schreibt Peng-Keller: „Angesichts der erheblichen kommunikativen und organisationalen Herausforderungen, vor die sich die interprofessionelle Zusammenarbeit im klinischen Kontext gestellt sieht, kommen der spezialisierten Spiritual Care auch koordinative, beratende und qualitätssichernde Aufgaben zu, die nicht ohne eine ausdrückliche Bevollmächtigung durch die jeweilige Institution wahrgenommen werden können."[112] Die hier beschriebene Unterscheidung von fachlicher und allgemeiner Spiritualität nimmt auch Eckhard Frick vor, indem er von Basis- und Spezialkompetenzen spricht. Er geht in dem Zusammenhang sogar soweit, von einem „gemeinsamen spirituellen Priestertum" zu sprechen.[113]

Krankenhausseelsorge als spezialisierte Spiritual Care kann als professioneller Part des Modells auch mittels Qualitätsmanagement gestaltend, strukturierend, aber eben auch sichernd tätig sein. Sichernd in dem Sinne, zwischen

---

110 ENHCC 2014.

111 Anders als bei Jäger bleibt hier die Bindung an die Kirche ausdrücklich erhalten.

112 Peng-Keller 2017, S. 54.

113 Frick 2014, S. 25. Den Begriff eines gemeinsamen spirituellen Priestertums halte ich vor dem Hintergrund einer religiös plural verfassten Mitarbeiterschaft, selbst in einem konfessionellen Krankenhaus, für problematisch.

den „unterschiedlich religiös-spirituellen Diskursformen und Vorstellungswelten zu vermitteln. In säkularen und pluralistischen Kontexten bedürfen Krankenhausseelsorger(innen) der Fähigkeit des Code-Switching, die ein durch eine bestimmte religiöse Tradition geformtes Eigenprofil voraussetzt."[114] Neben ihrer originären Aufgabe in der direkten Betreuung von Patient*innen, gehört dazu auch eine Verantwortung für das System. Während Peng-Keller ersteres zur Mikroebene zählt, gehört die systemische Verantwortung zur Mesoebene.[115] Dazu gehören vielfältige zusätzliche Aufgabenfelder wie die Betreuung der spirituellen Bedürfnisse der Mitarbeitenden, aber auch die Beratung in ethischen Fragen, z. B. in Ethik-Kommissionen, oder ethische Visiten. Hier bringt die Krankenhausseelsorge besondere wissenschaftliche Expertise mit. Durch diese Rolle wird sie stärker wahrgenommen, kann aber auch ihrem prophetischen Auftrag gerecht werden, indem sie auf die Begrenztheit des biopsychosozialen Modells aufmerksam macht oder auch die Fehlentwicklungen, die sich aus der rein ökonomischen Ausrichtung des Gesundheitssystems ergeben, benennt: „In ihrem ‚prophetischen' Auftrag, enthumanisierende Tendenzen in ökonomischer und biomedizinisch dominierten Gesundheitsinstitutionen entgegen zu treten, sind Seelsorgende in dem Maße wirksam, als sie als ernstzunehmende Professionen im Gesundheitswesen wahrgenommen werden."[116]

Wie schon gesagt spielt Spiritual Care außerhalb der Palliativmedizin in deutschen Krankenhäusern eine untergeordnete Rolle. Unter Ärztinnen und Ärzten dürfte der Begriff nur wenigen bekannt sein, obwohl viele in ihrer Arbeit spirituelle Situationen erleben. Ob es nun gelingt, hier eine gemeinsame Geisteshaltung zu erzeugen, bleibt fraglich. In einer Ansprache auf einem Ärzt*innentag sagt Frick: „Spiritualität heißt nicht nur, dass jemand fromme Worte im Munde führt, sondern ‚spirituell' ist eine Haltung, die heute gerne mit dem neo-buddhistischem Ausdruck der Achtsamkeit umschrieben wird. Das meint, präsent zu sein, die Andere oder den Anderen wahr zu nehmen."[117] Weiter präzisiert er durch die Unterscheidung der englischen Begriffe to cure und to heal. Im Deutschen werden beide Begriffe mit heilen übersetzt. To heal meint aber auch begleiten, über die reine medizinische Behandlung hinausgehend und den ganzen Menschen im Sinne von Körper, Geist und Seele wahrnehmend. Wichtig ist an dieser Stelle sein Hinweis, dass dieses Ganze explizit auch meint, „[...] ein Fragment und eben nicht vollkommen sein zu dürfen".[118] Das fordert von der begleitenden Person, dieses

114 Peng-Keller, 2017, S. 55.
115 Peng-Keller, 2021, S. 166.
116 Ebd. S. 169.
117 Frick 2014, S. 23.
118 Ebd. S. 23.

Unvollkommene zuzulassen. Spiritualität ist damit eine Dimension auch für die Akteur*innen in Gesundheitsberufen, die die Sicht auf das Erleben in der täglichen Arbeit weitet, damit den Patient*innen hilft, aber auch den Tätigen selbst, im Sinne einer Selbstfürsorge, das tägliche Erleben außerhalb einer biopsychosozialen Betrachtungsweise zu reflektieren und zu verarbeiten. Andererseits bewahrt ein so gefasster Begriff von Spiritualität, im Sinne einer Haltung und nicht eines ganzen Systems, vor einer Überfrachtung und Überforderung derselben.

Der ausdrückliche Hinweis darauf, dass dieses Begleiten im Sinne einer Ganzheitlichkeit auch die Brüche, das Unvollendete, das Sprachlose meint, ist der Kontingenzerfahrung geschuldet, und bewahrt hier christliche Seelsorge im Rahmen von Spiritual Care davor, einer rein erfolgsorientierten Medizin zu dienen.

Für die Etablierung von Spiritual Care hält Peng-Keller eine Veränderung in der Zusammenarbeit der verschiedenen Berufsgruppen im Krankenhaus für notwendig, einen Wechsel von der Multiprofessionalität zur Interprofessionalität.[119] Während die Multiprofessionalität die bisherige Position der Krankenhausseelsorge festigt, ein Akteur neben anderen zu sein, zielt Interprofessionalität mehr auf Zusammenarbeit ab. Dies ist aus seinem Verständnis von Spiritual Care nur konsequent. Es agiert nicht jeder für sich und zu seiner Zeit, sondern es kommt zum Austausch über die Kranken. Einschätzungen, Wahrnehmungen, Probleme und Ziele werden abgestimmt und nach gemeinsamen Lösungen gesucht.

Entscheidend ist, dass Spiritual Care hier unter kirchlich-seelsorglicher Leitung stattfindet. Seelsorge löst sich dabei nicht in einer allgemeinen Spiritualität aller auf. Es gibt eine Hierarchie in den seelsorglichen Aufgaben, sodass die allgemeine Spiritualität auf Ebene aller Mitarbeiter*innen stattfindet, aber gewissermaßen unter Aufsicht der speziellen Spiritualität des oder der Krankenhausseelsorger*in. Damit ist auch einer Überforderung der Mitarbeitenden in Pflege und Medizin im Hinblick auf Seelsorge vorgebeugt. Andererseits wird so der Tatsache Rechnung getragen, dass die Mitarbeitenden eine eigene Spiritualität besitzen, die in ihrer Arbeit mal mehr, mal weniger zum Tragen kommt.

In Zusammenschau der Befunde bei Roser und Peng-Keller wurde noch einmal die Existenz von Spiritualität bei den Mitarbeitenden im Krankenhaus aufgezeigt. Ergänzt wurde dies auch durch Beispiele aus dem ärztlichen

---

119 Ebd. S. 175.

Alltag. Durch systemische Betrachtung konnte Roser, in Abgrenzung zu Karle, die Sinnhaftigkeit einer Zusammenarbeit der Krankenhausseelsorge mit den verschiedenen Akteuren im Gesundheitssystem darlegen, die auch außerhalb einer Palliative Care stattfinden sollte. Peng-Keller versuchte dabei durch eine Unterscheidung zwischen spezieller und allgemeiner Seelsorge die Bedeutung der kirchlichen Krankenhausseelsorge zu festigen und ihr im Sinne der Professionalität eine leitende und sichernde Rolle zuzuschreiben. Wie zu Beginn des Kapitels zitiert, gibt es nicht *das* Spiritual Care Modell. Neben einer allgemeinen Nennung von Qualität und Qualitätsmanagement gehen Peng-Keller oder Roser in den hier genutzten Beiträgen nicht differenzierter auf Qualität im Rahmen von Spiritual Care ein.

Aber bereits bei Schneider-Harpprecht wurde oben die Einbindung von Qualitätsmanagement gezeigt. Er stellt verschiedene Ansätze vor, u. a. auch aus dem englischsprachigen Raum ein Konzept aus dem Bereich Spiritual Care. Er zeigt auf, dass dort insbesondere der Ergebnisqualität (outcome oriented chaplaincy) Aufmerksamkeit geschenkt wird. Dies sieht er kritisch. „Manche sehen Gründe, weiter zu gehen [als z.B. ProCum cert, Anm. d. Verf.] und auch nach der Ergebnisqualität zu fragen. Natürlich wäre es absurd, feststellen zu wollen, wie theologisch fundiert, bibelbezogen, geistlich, klientenzentriert ein Gespräch ist, wie oft und wie kräftig gebetet wird, wie kompetent mit medizinischen und psychologischen Informationen umgegangen wird.“[120]

Michael Fischer beschreibt in seinem Buch „Zukunft der Seelsorge im Gesundheitswesen“ ausführlich ein Qualitätsmodell der HCCN (Health-Care Chaplaincy Network) für Spiritual Care. Dieses orientiert sich am Qualitätsmodel von Avedis Donabedian. Auch hier wird Qualität besonders im Sinne einer Ergebnisqualität genutzt, die Wirksamkeit von Spiritual Care soll sich erweisen, um ihr einen Platz neben Medizin, Psychologie und Sozialarbeit im therapeutischen Ansatz zu sichern. Auch Fischer merkt an, ähnlich wie Schneider-Harpprecht, dass es fraglich ist, ob die Qualität von Seelsorge objektiv gemessen und so wissenschaftlich verarbeitet werden kann, um „Spiritualität wie ein Therapeutikum“ einzusetzen.[121] Die Möglichkeiten, Chancen und Grenzen eines ergebnisorientierten Qualitätsmanagements werden später noch ausführlicher erläutert.

120 Schneider-Harpprecht 2002, S. 438.
121 Fischer 2021, S. 90-94.

Spiritual Care ist hier nicht das präferierte Modell, aber sie leistet einen relevanten Beitrag zu Qualität und Interprofessionalität in der Krankenhausseelsorge. Als ein weit verbreitetes, ausführlich diskutiertes und auch wissenschaftlich untersuchtes Konzept dient sie hier dazu, insbesondere die Sinnhaftigkeit und Notwendigkeit einer Zusammenarbeit der Krankenhausseelsorge mit Krankenschwestern und -pflegern, den Sozial- und psychologischen Diensten, Ärztinnen und Ärzten und auch der Verwaltung zu zeigen.

5 Zusammenfassung Teil I

Eingangs wurde die politisch gesteuerte Entwicklung im Gesundheitssystem dargestellt. Ausgehend von verschiedenen Reformen und Gesetzen wurde und wird versucht, die steigenden Kosten im Gesundheitssystem zu kontrollieren. Dies führt zu notwendigen Kosteneinsparungen. Damit der Patient, die Patientin aber dennoch eine gute Versorgung erhält, wurde der Kostendämpfung Qualitätsmanagement zur Seite gestellt, dies gesetzlich verpflichtend. Die größten Auswirkungen hat dabei das DRG-System gehabt, mit seiner Finanzierung der Krankenhauskosten über Fallpauschalen unter Wegfall der Tagessätze. Die Liegezeiten verkürzten sich im Laufe vieler Jahre um die Hälfte, die Bettenzahlen wurden reduziert, die Patient*innenzahlen stiegen. Die dadurch entstehende Verdichtung prägt den Alltag aller im Krankenhaus Tätigen. Der Versuch, die Gesundheitskosten im Griff zu behalten bei gleichzeitiger mindestens Beibehaltung, wenn nicht Steigerung der Qualität, prägt auch den Ruf der Krankenhäuser und den Blick kirchlicher Seelsorge auf sie. Während das Klinikpersonal aus Medizin und Pflege längst in der Welt des Qualitätsmanagements angekommen ist, Qualitätsmanagement also zur Routine geworden ist und auch Vorteile darin gesehen werden, hat sich die Seelsorge erst später auf den Weg gemacht. Insbesondere die Sorge, einen kommerziellen Reparaturbetrieb zu legitimieren, lässt Seelsorge vor einer zu großen Integration in das System Krankenhaus zurückschrecken. Qualitätsmanagement in der Seelsorge zu betreiben, bedeutet aber eine zunehmende Integration, da Qualitätsmanagement heute zur Identität von Krankenhäusern gehört.

Die unterschiedlichen Vorschläge der Positionierung zum Krankenhaus reichen dabei von einer Verortung am Rand, an der Grenze, um aus dieser Marginalität heraus die Interessen gerade der Schwachen im System zu vertreten – weitestgehende Autonomie zum Schutz der eigenen Identität – bis hin zu einer vollständigen Integration im Sinne einer eigenen Abteilung im Krankenhaus in enger Kooperation. Oft wird als Schutz der Autonomie in theoretischer Ausrichtung und Gestaltung der Arbeitsstrukturen und Prozesse eine entsprechende vertragliche Vereinbarung mit dem Haus empfohlen. Dies dürfte aber umso schwerer sein, je mehr die Klinik selbst Seelsorgestellen finanziert.

Grundsätzlich lehnt keines der Seelsorge-Konzepte eine Zusammenarbeit mit verschiedenen Berufsgruppen im Krankenhaus ab. Am zentralsten ist diese Zusammenarbeit für Spiritual Care. Diese ist gerade aus dem Willen zur Zusammenarbeit entstanden. Ob sie sich allerdings eignet, auch außerhalb von Palliative Care im konfessionellen Krankenhaus zur Anwendung zu kommen, ist zumindest fraglich und hängt von verschiedensten Faktoren ab. Ein Ansatz, der diesbezüglich zwischen einer spezialisierten und einer allgemeinen Spiritualität unterscheidet, scheint vielversprechend. In nicht konfessionellen Häusern könnte Spiritual Care dagegen in der Zukunft an Bedeutung gewinnen. Grundsätzlich bietet sie für eine Interprofessionalität interessante Ansätze und bereits ausgearbeitete und erprobte Konzepte.

Aus ärztlicher Sicht ist eine Verstärkung der Zusammenarbeit mit der Krankenhausseelsorge wünschenswert, nicht nur in der Palliativ-Medizin, sondern auch in anderen Bereichen. Denn die Erfahrung von Brüchen, die Infragestellung des bisherigen Lebensweges im Angesicht des Todes sind keine Alleinstellungsmerkmale der Palliativmedizin oder des Hospizes. Dabei kann Seelsorge eine vermittelnde Rolle einnehmen. Pflege und Medizin werden dafür dankbar sein. Denn ein von Patient*innen geäußerter Wunsch z. B. einer Limitation von Therapien, den sie sich nicht trauen, dem Arzt oder der Ärztin mitzuteilen, der diese*n aber auf dem Wege durch die Krankenhausseelsorge erreicht, kann eine große Hilfe und auch Entlastung für den Arzt oder die Ärztin sein. Auch können Krankenhausseelsorgende Patient*innen gegenüber den Ärztinnen und Ärzten oder Pflegenden vertreten und so z. B. eine festgefahrene Kommunikation auflösen und beide Seiten entlasten. Der Blick geht dabei auch auf die Spiritualität der verschiedenen Berufsgruppen im Krankenhaus. Diese kann von Seelsorge wahrgenommen und gefördert werden. Es entsteht so eine Sensibilität für Spiritualität auf allen Ebenen. Auf dem Wege einer Spiritualität können die Mitarbeiter*innen auch in der Verarbeitung des täglich Erlebten in ihrer Tätigkeit unterstützt werden. Im Zeitalter eines um sich greifenden Burn-out sicherlich ein wichtiger Aspekt im Sinne der Arbeitszufriedenheit und des betrieblichen Gesundheitswesens.

Eine prophetische Rolle sollte Seelsorge insbesondere in gesellschaftlicher Verantwortung wahrnehmen und die Begrenzungen des Gesundheitssystems, die in limitierten Ressourcen und einer Überbetonung eines biopsychischen

Menschenbildes besteht, aufzeigen. Um dies tun zu können, muss sie aber ausreichend Einblick in das System haben, Fehlentwicklungen erfassen können, Ideen für Alternativen haben. Dies wird nur schwer möglich sein aus einer distanzierten Position. Für eine prophetische Rolle der Seelsorge in der Gesellschaft müssten geeignete Orte gefunden werden.

Eine Zusammenarbeit der Seelsorge mit den anderen Akteuren ist aber auch begrenzt durch insbesondere fehlende zeitliche Ressourcen in Medizin, Pflege, Sozial- und psychologischen Diensten. Es wird wohl kaum möglich sein, regelmäßige Sitzungen der Berufsgruppen auf einer sog. Normalstation zur Fallbesprechung abzuhalten. Dazu ist die personelle Decke, insbesondere in der Pflege, nicht ausgelegt. Eine durchgreifende Veränderung ist hier in nächster Zeit auch nicht zu erwarten. Es ist mittlerweile sogar schwierig, dass Medizin und Pflege eine gemeinsame Visite abhalten. Das heißt, eine Verstärkung der Zusammenarbeit mit der Krankenhausseelsorge ist unter strikter Beachtung der jeweiligen Bedingungen vor Ort zu planen.

Teil II: Krankenhausseelsorge und Qualitätsmanagement

Verschiedene Seelsorgekonzepte zeigten je nach Nähe oder Distanz zum System des Krankenhauses ein unterschiedliches Interesse an Qualität, Qualitätssicherung und Qualitätsmanagement. Je mehr Seelsorge an einer Kooperation mit anderen Akteuren im Krankenhaus interessiert ist, desto eher ist sie bereit, Qualitätsmanagement als eine dafür notwendige Voraussetzung zu sehen. Es können verschiedene Motivationen dabei zum Tragen kommen. Seelsorge möchte sich den gleichen Anforderungen stellen wie die anderen Berufsgruppen, um von diesen ernst genommen zu werden und mit diesen auf Augenhöhe zu sein. Dazu möchte sie auch mithilfe von Qualität ihre Wirksamkeit erweisen. Qualität setzt sie auch zur Verbesserung der eigenen Arbeit ein. Die häufigste Motivation ist aber die Förderung der Interprofessionalität durch Qualität zum Wohle der Patient*innen.

Diese verschiedenen Facetten werden im Folgenden aufgezeigt. Grundlagen zum Qualitätsbegriff und zu Qualitätsmodellen bilden eine theoretische Grundlage, bevor Probleme und Lösungen des seelsorglichen Qualitätsmanagements besprochen werden.

1 Qualitätsmanagement als Systemsprache

Wortmann/Jarck/Mummenoff schreiben über ihren Leitgedanken, warum sich Krankenhausseelsorger*innen mit Qualität befassen sollen, in ihrem Qualitätshandbuch Krankenhausseelsorge: „Weil sie Wanderer zwischen zwei Welten sind und weil sie auf Dauer keine kompetenten Ansprechpartner für den Bereich Gesundheitswesen sein werden, wenn sie sich nicht der dort herrschenden Sprachlichkeit stellen und Antworten auf Anfragen geben können, die in diesem Bereich zwangsläufig gestellt werden."[122]

Je weiter sich Seelsorge in den Krankenhausbetrieb vorwagt, umso mehr wird sie die dortigen Strukturen übernehmen müssen. Hier geht es besonders um Qualität. Wie dargestellt, ist Qualität im Krankenhaus am medizinischen Erfolg orientiert. Will Seelsorge diesen Erfolgsgedanken bedienen oder steht sie im Dienst eines Menschenbildes, das dem Ausbleiben von Erfolg, dem Scheitern, dem nicht machen können, verpflichtet ist? Gibt es eine Qualität der Kontingenzbewältigung? Sind Qualität und Seelsorge überhaupt vereinbar? Gibt es Qualitätsindikatoren, die auch in der Seelsorge sinnvoll Verwendung finden können?

Das Eintreten für die Interessen der Patient*innen, das Versprachlichen und Aushalten der Kontingenz, die Benennung ethischer Widersprüche oder auch Abgründe im Wirtschaftsunternehmen Krankenhaus, aber auch die Parteinahme für die am System leidenden Mitarbeiter*innen erfordert eine Positionierung *im* System, nicht nur am Rand. Es erfordert ein Erlernen der verschiedenen Sprachen im Krankenhaus. Die Sprache der Pflege, der Medizin, der Ökonomie und auch die Fähigkeit, die eigene Sprache für andere Akteur*innen im Krankenhaus zu übersetzen. Es erfordert eine Transparenz

122 Wortmann et al. 2010, S. 17.

der eigenen Arbeit und letzten Endes auch Rechenschaft über die eigene Kompetenz und Qualität der seelsorglichen Arbeit. Es geht um eine Zusammenarbeit auf Augenhöhe: „Wenn Krankenhausseelsorgende auch in Zukunft kompetente Ansprechpartner im Gesundheitswesen bleiben wollen, müssen sie differenziert darlegen können, wie sie arbeiten, mit welchen Methoden sie welche Ziele verfolgen und was sie mit ihrer Arbeit erreichen."[123] Den Blick von außen auf das System kann man glaubhaft einbringen, wenn man auch im Inneren Teil davon ist.

Wenn Seelsorge im Krankenhaus einen festen Platz beansprucht, wenn sie den Austausch mit Pflegenden und Ärztinnen und Ärzten sucht, wenn sie über Finanzierung mit der Klinikleitung spricht, bietet es sich an, die Sprache zu nutzen, die im Krankenhaus universell gesprochen wird. Dies ist die Sprache der Qualität, der Qualitätssicherung, des Qualitätsmanagements. Diese Sprache zu erlernen, kann auch Ausdruck der Solidarität mit den anderen Protagonist*innen im System Krankenhaus sein. „Wer im System Krankenhaus arbeitet, sollte sich in dieser Sprache [der Sprache von Qualitätsmanagement, Anm. d. Verf.] verständigen können. Der Lohn wird sein, den eigenen Standort besser verstehen und angemessen beschreiben zu können."[124]

Es muss kein Widerspruch sein, eine kritische, prophetische Position im und zum Krankenhaus zu haben. Eine Position, die einem erlaubt, eine Option für die Armen zu übernehmen, dies aber in den Strukturen der Klinik. Durch die Teilnahme am Qualitätsmanagement kann man eine Zugehörigkeit zum System herstellen, tritt aus dem Schatten und positioniert sich, um gleichberechtigt teilzunehmen am Dienst im Krankenhaus und an der Gestaltung des Krankenhauses. „Nicht zuletzt verhilft die Anwendung von Qualitätsmodellen der Seelsorge auch, interdisziplinär wahr- und ernst genommen zu werden."[125] Wenn Seelsorge als kompetente Partnerin wahrgenommen wird, die ein Konzept ihrer Arbeit hat, deren Arbeitsweise transparent ist, die sich der Kontrolle stellt und auch versucht, Qualität nachzuweisen, wird sie auch kritische Anmerkungen machen können und auf Wahrnehmung und ggf. Veränderung hoffen können. Aus ärztlicher Sicht ist solch eine Krankenhausseelsorge wünschenswert. Ärzt*innen und Pflegende erleben täglich und zunehmend die Defizite des Wirtschaftssystems Krankenhaus. Eine Solidarität durch die Seelsorge, die die anderen Berufsgruppen unterstützt und, gerade in christlich-ethischer Perspektive, Widersprüche im System aufzeigt, trägt zum Wohle aller bei.

---

123 Kohli Reichenbach 2018, S. 305.
124 Nelius/Städtler-Mach 2002, S. 403.
125 Fischer 2021, S. 104.

2 Seelsorgequalität auf wissenschaftlicher Grundlage

An anderer Stelle hat Fischer die Frage, wie weit Kirche sich durch Seelsorge in das System Krankenhaus vorwagen soll, mit dem Begriffspaar „Relevanz und Identität"[126] ausgeleuchtet. Empfohlen ist die Anbindung von Seelsorge an die Wissenschaft der Theologie. Ausgangspunkt ist aber auch hier zunächst die Herausforderung durch „Qualität als bestimmendes Maß".[127] Dabei werden zunächst auch hier die politischen Rahmenbedingungen unter den Stichworten Krankenhausfinanzierung und Krankenhausplanung in enger Kopplung an gesetzlich geforderte Qualität als Herausforderung benannt. Dies ist die aktuelle Situation und „[…] der Nährboden jeglicher Inkulturation des Evangeliums."[128]. Aber wie weit dringt man in diesen Nährboden, ist er geeignet für die christliche Botschaft, oder werden „[…] alle Anstrengungen überwuchert […] von normierten Qualitätsvorgaben, Umsetzungsbestimmungen, Qualitätskennzahlen und erschöpften Mitarbeitern."[129]

Aufgabe der Identität ist es, die Anbindung an den Ursprung zu bewahren, an die Frohe Botschaft vom angebrochenen Reich Gottes. Diese muss aber um der Relevanz willen auch Anknüpfungspunkte im Heute finden, um ihr Gehör zu verschaffen. Fischer stellt die Entwicklung dar: Vorreiter in dieser Auseinandersetzung sind die beiden Wohlfahrtsverbände Caritas und Diakonie. Diese haben sich der Qualitätsdiskussion schon frühzeitig gestellt. Die Krankenhausverbände haben dann für diese Entwicklung die christliche Zertifizierungsgesellschaft proCum Cert gegründet. Damit Qualität

---

126 Fischer 2017, S. 115.
127 Ebd. S. 109.
128 Ebd. S. 116.
129 Ebd. S. 116.

die richtigen Grundlagen hat und ein Korrektiv findet, stellt Fischer ihr die Theologie mit ihren einzelnen Disziplinen als „Weggefährtin“ zur Seite[130]. „Sie hätte Grundlegendes und Konkretes als Bestärkung oder Kritik einzubringen.“[131]

Die Theologie allgemein kann Grundfragen klären (Theologische Anthropologie), die zunehmenden ethischen Fragestellungen in der Medizin bedürfen der theologischen Orientierung (Moraltheologie). Für die Caritas können normative Grundlagen bereitgestellt werden. Unter dem Eindruck einer zunehmenden Pluralität der Gesellschaft sind soziologische Aspekte theologisch zu erfassen, umzusetzen und der Seelsorge zu Verfügung zu stellen (Praktische Theologie). Auch andere Teilgebiet wie Historische Theologie können einen Beitrag leisten, hier sei auf die Kapitel über Beichtgeheimnis und Seelsorgeverschwiegenheit verwiesen.[132] So kann gesichert werden, dass die Identität als Rückkopplung berücksichtigt wird, aber auch, dass durch Teilnahme am Qualitätsmanagement im Krankenhaus eine spürbare gesellschaftliche Relevanz generiert wird. Ziel muss dabei ein breites wissenschaftliches Fundament sein, welches den jeweiligen Krankenhaus-Seelsorgenden vor Ort als Grundlage dient.

In dem Ringen um das rechte Verhältnis von Krankenhausseelsorge als Aufgabe der Kirche in der Klinik bekommt Qualitätsmanagement als Dreh- und Angelpunkt zwischen Identität und Relevanz die Theologie an ihre Seite gestellt und erhält so ein wissenschaftliches Fundament. So, wie auch die Qualität in der Medizin und Pflege, sichtbar vor allen Dingen in Leitlinien, wissenschaftlich fundiert ist. Ein Fundament, das Politik und Klinikleitung nicht herstellen können, das aber auch nicht von diesen hintergangen oder einfach in Frage gestellt werden kann. Qualität braucht die wissenschaftliche Legitimation in der Seelsorge wie in Medizin und Pflege auch.[133] So wie auf wissenschaftlicher Basis die Arbeitsweise von Seelsorge fundiert werden kann, teilweise auch eine Wirksamkeit nachgewiesen werden kann, so können auf

130 Ebd. S. 120–122.

131 Ebd. S. 120.

132 Im Kapitel zur seelsorglichen Verschwiegenheit wird noch einmal auf Beiträge verschiedener theologischer Disziplinen für diese Fragestellung beispielhaft eingegangen.

133 Es gibt eine Leitlinie Palliativmedizin für Patient*innen mit einer nicht heilbaren Krebserkrankung. Diese entstammt dem Leitlinienprogramm Onkologie der Arbeitsgemeinschaft der wissenschaftlichen medizinischen Fachgesellschaften e. V. (AWMF), Deutsche Krebsgesellschaft e. V. und der deutschen Krebshilfe. Es handelt sich um eine sog. S3-Leitlinie und sie erfüllt damit einen definierten, hohen wissenschaftlichen Standard der Medizin. In ihr sind Empfehlungen auch für eine spirituelle Begleitung enthalten. So werden die spirituellen Bedürfnisse Kranker proaktiv angesprochen. Hier ist eine wissenschaftlich fundiert Leitlinie entstanden, die sowohl medizinische, pflegerische, psychologische, aber auch spirituelle Aspekte der Betreuung krebskranker Patient*innen evidenzbasiert beachtet. In Roser 2017, S. 387–388.

wissenschaftlicher Basis aber auch Fehleinschätzungen und Fehlentwicklungen erkannt werden. In Bezug auf ein Zuviel an Qualitätsmanagement kann das ein wichtiges Korrektiv sein.

In den Überlegungen zur Dokumentation und Fragen um Ergebnisqualität von Seelsorge rückt eine wissenschaftliche Betrachtungsweise noch einmal in den Mittelpunkt.

3 Die Entwicklung des Qualitätsbegriffs

Eine Definition des Begriffs Qualität lautet: „Qualität ist die Übereistimmung von Leistungen mit Ansprüchen. Ansprüche stellen Kunden, Verwender (Konsumenten/Produzenten), Händler und Hersteller.“[134]

Qualität, ihre Entwicklung und Kontrolle, kommt aus der industriellen Produktion. Ein Produkt soll möglichst gut die Erwartungen der Kund*innen an das Produkt erfüllen. Es ist gut vorstellbar, wie hier ein Qualitätsprozess abläuft. Idealerweise werden die Erwartungen der Kund*innen an ein Produkt zunächst abgefragt oder eingeschätzt, um daraus eine Zielvorgabe für das Produkt zu machen. Der Herstellungsprozess ist zu planen, indem typischerweise Kontrollen stattfinden, besonders an den Stellen, an denen bekanntermaßen Einbußen bei der Qualität eines Produktes eintreten können. Diese Schwachstellen im Prozess erfasst man z. B. durch Fehlerprotokolle. Wenn sich Fehler an bestimmten Stellen häufen, ist hier der Prozess zu verändern. Zu dem Prozess gehören sämtliche Schritte der Fertigung, aber auch die Beschaffung von Material, die Vermarktung des Produktes und der Preis. Im Sinne von Qualitätsmanagement wird dann die Zufriedenheit der Kund*innen regelmäßig überprüft, um bei Unzufriedenheit Korrekturen vornehmen zu können.[135]

134 Gabler Wirtschaftslexikon.

135 Der Begriff des Kunden ist nicht unproblematisch. Im Zusammenhang mit einem Produktes, welches zum Kauf angeboten wird, leuchtet der Begriff noch ein. Wie aber ist der Begriff im Gesundheitssystem einzusetzen? Sind Patient*innen Kund*innen? Oder passt der Kundenbegriff hier nicht, da der Patient, die Patientin nicht über ihr eigenes Geld als Kaufkraft verfügen, sondern auf die Ressourcen der Solidargemeinschaft angewiesen sind, und daher auch dazu angehalten sind, mit diesen schonend umzugehen? Der Begriff des Kunden hat sich auf jeden Fall innerhalb des Gesundheitssystems nicht grundsätzlich durchgesetzt. Insbesondere ist er nicht in den Sprachgebrauch von medizinischem und pflegerischem Personal eingegangen.

Eine weiter gefasste Definition beschreibt Qualität auch unter dem Aspekt der Dienstleistung, ist also im Zusammenhang des vorliegenden Beitrags interessant: „Eine auf Qualität ausgerichtete Organisation fördert eine Kultur, die zu Verhaltensweisen, Einstellungen, Tätigkeiten und Prozessen führt, die Wert schaffen, indem sie die Erfordernisse und Erwartungen von Kunden und anderen relevanten interessierten Parteien erfüllen. Die Qualität der Produkte und Dienstleistungen einer Organisation wird durch die Fähigkeit bestimmt, Kunden zufriedenzustellen sowie durch die beabsichtigte und unbeabsichtigte Auswirkung auf relevante interessierte Parteien“[136]. Diese beiden Definitionen zeigen, wie sich die Qualitätsstrukturen aus der Industrie kommend auf die Dienstleistung übertragen haben.

Thomas Ruprecht hat eine Definition von Qualität im Gesundheitswesen definiert: „Im Gesundheitswesen bedeutet dies, eine den jeweiligen Verhältnissen entsprechend optimale medizinisch-menschliche Hilfe zur Lösung gesundheitlicher Probleme anzubieten: Eine Patient*innen- und bedarfsgerechte, an der Lebensqualität orientierte, fachlich qualifizierte und wirtschaftliche medizinische Versorgung mit dem Ziel, die Wahrscheinlichkeit erwünschter Behandlungsergebnisse bei Individuen und in der Gesamtbevölkerung zu erhöhen.“[137]

136 DIN ISO 9000:2015, Qualitätsmanagement-Grundlagen und Begriffe, Punkt 2.2.1.
137 Ruprecht 1993, S. 964, zit. n. Große 2021, S. 55.

4 Qualitätmanagement im Gesundheitswesen

Die folgende Darstellung ist den ersten Kapiteln im Buch Qualitätsmanagement im Gesundheitswesen von Peter Hensen entnommen.[138]

Bei den Gesundheitsleistungen ist zunächst zu unterscheiden zwischen materiellem Sachgut (Arzneimittel, Medizinprodukte z. B. Beatmungsgeräte, Dialyse, OP-Bestecke …) und immateriellen Dienstleistungen (Arztbesuch, Pflege im Altenheim, Aufenthalt in einer Rehabilitationseinrichtung). „Dienstleistungen der Gesundheitsversorgung konkretisieren sich zumeist als personenbezogene Dienstleistungen, die dadurch gekennzeichnet sind, dass auf der ‚Leistungsnehmerseite' mindestens eine Person unmittelbar an der Erstellung der Dienstleistung beteiligt ist."[139] Das heißt, in der Beziehung, die durch die angefragte und angebotene Dienstleistung zustande kommt, entsteht das Produkt im Kontext des Gesundheitssystems. In der Regel entspricht dieses Produkt der Wiederherstellung oder Verbesserung eines Zustandes der Patient*innen, im weitesten Sinne Gesundheit.

Im Gegensatz zur Produktion von Gütern fallen bei der Dienstleistung Produktion und Übertragung der Leistung zeitlich und auch räumlich zusammen, sind nicht lagerbar und ein Kennzeichen von Immaterialität.[140] Der Prozess kommt durch die Interaktion von z. B. Patient*innen und Pflegenden, Ärztinnen und Ärzten oder Physiotherapeut*innen etc. zustande. In der Produktion von Sachgütern findet der Produktionsprozess i. d. R. vor dem Kontakt mit dem Kunden statt. Dabei kommt aber die immaterielle Dienstleistung oft nicht ohne materielle Dienstleistung aus. Für die Erbringung der

138 Hensen 2019, S. 4–38.
139 Ebd. S. 4.
140 Ebd. S. 4.

Leistung sind bestimmte Voraussetzungen notwendig, z. B. Räumlichkeiten, technisches Gerät, aber auch die Kompetenz z. B. des Pflegepersonals. Dies sind externe Faktoren, die in die Dienstleistung integriert werden. Zuletzt ist aber auch die leistungsempfangende Person ein solcher externer Faktor. Die sehr unterschiedliche Compliance der Patient*innen hat erheblichen Einfluss auf den Prozess und sein Gelingen.

Unter dem Begriff Leistungsfähigkeit sind die Eigenschaften der Leistungserbringer*innen zusammengefasst. Dazu zählen Ausbildung, Erfahrung, physisches und psychisches Leistungsvermögen, aber auch Leistungsbereitschaft, Selbstverständnis, Konzentrationsfähigkeit und Resilienz. Es sind Eigenschaften der Strukturqualität. „Die Dienstleistung selbst bleibt ein Leistungsversprechen, das für den Kunden mit einem individuellen ‚Kaufrisiko' verbunden ist. Dieses Leistungsversprechen muss durch glaubwürdige Kommunikation im Vorfeld der Inanspruchnahme (z. B. in Form von Nachweisen) oder interaktiv (z. B. aktiver Erklärung der Leistungsprozesse) greifbar und sichtbar gemacht werden."[141] Um das Risiko für den Kunden, hier Patient*innen zu reduzieren, ist Qualitätsmanagement da.

Im Gegensatz zum reinen Produkt, z. B. als Industrieprodukt, umfasst der Begriff der Dienstleistung nicht nur ein Ergebnis derselben, er umfasst auch den Weg, den die Patient*innen mitgehen. Während bei einem reinen Produkt gewissermaßen zunächst das Endergebnis zählt, ist bei der Dienstleistung der Weg zum Ergebnis wichtig, da er Einfluss auf dasselbe hat. Die Leistungsempfänger*innen, die Patient*innen, sind hier schon Teil des Prozesses.

Qualität kann in dem Zusammenhang auch mit Güte übersetzt werden. Die Güte eines gefertigten Produktes glaubt man i. d. R. sicher einschätzen zu können, ein Produkt als eine Sache, die angesehen, angefasst, ausprobiert, gemessen und verglichen werden kann. Man kann versuchen, sich selbst von der Qualität eines Produktes zu überzeugen, man kann sich beraten lassen oder Testergebnisse einholen, z. B. über die Verbraucherberatungen. Im Hinblick auf Dienstleistungen im Gesundheitssystem gibt es mittlerweile viele Bewertungsportale, in denen man sich über die Qualität einer Dienstleistung z. B. in einem Krankenhaus informieren kann. Auf die Problematik solcher Portale kann hier nicht eingegangen werden.

141 Ebd. S. 6.

Im Gesundheitssystem steht kein Produkt im Mittelpunkt, sondern eine Beziehung zwischen den Erbringer*innen einer Leistung und den Empfänger*innen. Dies sind i. d. R. die Patient*innen, die den Arzt oder die Ärztin aufsuchen, um von ihm oder ihr bei entsprechenden Symptomen oder medizinischen Auffälligkeiten eine Diagnose und eine mögliche Therapie zu erhalten. Zu Beginn steht die Beziehung zwischen Ärztin oder Arzt und der Patientin oder dem Patienten. Diese muss so beschaffen sein, dass Patient*innen sich verstanden fühlen. Der Ärzt*innen müssen kompetent sein, sie müssen dies ausstrahlen (externe Faktoren und Leistungsfähigkeit). Die Patient*innen müssen ausreichend Zeit haben, ihre Probleme zu schildern. Die Atmosphäre des Gesprächs soll angenehm sein. Die Patient*innen möchten ernst genommen werden. Empathie ist ein Schlüsselbegriff. Bis hierher handelt es sich um eine personenbezogene Dienstleistung im Sinne der Immaterialität.

Das Gleiche gilt für die Untersuchungen im Rahmen der Diagnostik. Hier kommen die Patient*innen z. B. mit medizinischen Fachangestellten oder Krankenpflegenden in Kontakt. Auch hier ist die Atmosphäre wichtig, Freundlichkeit und Empathie sind ebenso gefragt wie auch die fachlichen Fähigkeiten der Mitarbeiter*innen. Die Qualität der Untersuchungen ist wieder eine eigene. Die Geräte müssen in einwandfreiem Zustand sein. Die Messgenauigkeit ist regelmäßig zu überprüfen und zu protokollieren (Sachgut). Das Medizinprodukte-Gesetz regelt hier die Qualität. Wenn Patient*innen mit Geräten in Kontakt kommen, wird Hygiene als Qualitätsmerkmal wichtig. Wie sind die Geräte sauber zu halten, nach welchen Standards wird diese Sauberkeit/Sterilität gewährleistet? Bei der Hygiene sind viele verschiedene Einrichtungen bei der Definition der Vorgaben beteiligt, so etwa das Paul Ehrlich-Institut, das Robert Koch-Institut oder auch die Berufsgenossenschaften unter dem Aspekt des Arbeitsschutzes. Diese Anforderungen müssen dem Qualitätsmanagement natürlich bekannt sein.

Die erhobenen Befunde und Ergebnisse der Untersuchung sind dann wiederum mit den Patient*innen zu besprechen. Sie müssen für diese verständlich dargestellt werden, sie müssen Gelegenheit für Fragen haben. Die Bedeutung der Diagnose ist durch die Mediziner*innen einzuordnen, handelt es sich um einen eher harmlosen Befund oder hat dieser sogar Auswirkungen auf die Lebenserwartung? Welche Therapien sind möglich und wie sind die Erfolgsaussichten? Diese Aufklärungsgespräche sind zu dokumentieren.

Während sich die Qualität von Geräten, deren Zustand und Messgenauigkeit, ähnlich wie bei Industrieprodukten, genau bestimmen lässt, ist dies bei der Beziehung zwischen Ärzt*innen und Patient*innen viel schwieriger. Von daher sind die gut messbaren Vorgänge im Rahmen einer

Arzt-Patienten-Interaktion besonders durch Qualitätsmanagement erfasst, also Hygiene, Messgenauigkeit von Medizinprodukten oder die Aufklärung von Patient*innen über geplante Maßnahmen anhand von standardisierten Aufklärungsbögen etc. Diese Bereiche nehmen im Qualitätsmanagement in Praxis und Klinik den größten Teil ein.

Ein gut darstellbarer und messbarer Bereich ist die Qualität der Ausbildung der Mediziner*innen. Ärzt*innen müssen z. B. regelmäßige Fortbildungen besuchen und alle fünf Jahre ein definiertes Kontigent an Fortbildungspunkten nachweisen. Auch regelmäßig vorgeschriebene Unterweisungen, wie Datenschutzunterweisungen für die Mitarbeitenden in Praxen und Kliniken oder Strahlenschutzunterweisungen für die Mitarbeitenden in radiologischen Abteilungen sind gut dokumentierbar und überprüfbar.

Die Qualität des ärztlichen Gespräches dagegen ist schwer zu fassen. Hier bietet sich v. a. das Werkzeug der Patient*innen-Befragung an. Es wird sich zeigen, dass dieses Problem der mangelnden Mess- und Fassbarkeit auch für seelsorgliche Gespräche besteht und dort durch die transzendente Dimension noch eine Verschärfung erfährt.

Grundsätzlich haben Ärzte und Ärztinnen, Schwestern und Pfleger, Seelsorger*innen, Sozialdienst etc. auch vor der Einführung von Qualitätsmanagement die Absicht gehabt, gute Arbeit zu leisten. Was gut war, war aber nicht unbedingt definiert, war oft subjektiv, wurde nicht dokumentiert und konnte so auch nicht kontrolliert werden. Durch eine fehlende Systematisierung war die Kommunikation erschwert. Es fehlte an Transparenz. Unabhängig von der teilweise emotional geführten Diskussion um Qualitätsmanagement ist es unstrittig, dass die Patient*innen eine bestmögliche Behandlung erwarten dürfen. In Diagnostik und Therapie wird dem seit vielen Jahren schon mithilfe von medizinischen und pflegerischen Leitlinien Rechnung getragen. Zu unterschiedlichen Krankheitsbildern ist hier nach dem neuesten Stand medizinischen Wissens auf der Grundlage von Studien, die ihrerseits wiederum Qualitäts-Standards erfüllen müssen, aufgeführt, wie eine bestmögliche Behandlung auszusehen hat. In diesem Bereich ist Qualitätsmanagement sehr gut gelungen und heute unbestrittene Grundlage medizinischen Handelns.[142]

Hier hat eine Qualitätsentwicklung stattgefunden, die jetzt auch in ein gesetzlich gefordertes Qualitätsmanagement-System eingepasst werden kann. Qualitätsmanagement wird ja nicht aus dem Nichts heraus geschaffen. Es greift in

142 Vgl. AWMF Online.

einem ersten Schritt die schon vorhandenen Annahmen, Ziele, Strukturen und Instrumente auf, die bisher für die Arbeit genutzt wurden, immer schon mit dem Ziel, gute Arbeit zu leisten zum Wohle der Patient*innen.

Fallvignette

Dieser Schritt war auch für der Etablierung des QM-Systems nach DIN ISO in der Praxis sehr wichtig. Er machte bewusst, wo schon gute Voraussetzung und Stärken der Praxis waren. Das war auch eine Grundlage für die Erstellung eines Praxisleitbildes und die Benennung von Praxiszielen. Teilweise waren diese in nicht schriftlicher Form immer schon implementiert, teilweise wurden sie weiterentwickelt oder auch neu definiert. In einem nächsten Schritt wurde ein einheitliches Dokumentationssystem erstellt. So entwickelte sich eine Struktur, die auch Vergleichbarkeit mit anderen Praxen zulässt. Dies muss nicht immer unter dem Aspekt der Konkurrenz geschehen, auch Austausch und Übernahme guter Prozesse anderer Praxen oder Kliniken ist möglich.
Im Verlaufe eines Jahres wird das Qualitätsmanagement anhand von vorgegebenen Strukturen intern überprüft. Außerdem werden Neuerungen z. B. durch neue gesetzliche Vorgaben eingearbeitet. In regelmäßigen Intervallen erfolgen dann auch externe Prüfungen, sogenannte Audits.

Das bedeutet aber, dass vor einem Mehrwert erst einmal ein Erfassen des schon Vorhandenen notwendig, aber auch sinnvoll ist. Qualitätsmanagement erfindet das System oder den Betrieb nicht neu. Ausgehend vom Ist-Zustand standardisiert es Qualität aber, macht transparent und stößt dann einen Prozess der regelmäßigen Kontrolle und Verbesserung der Qualität an.

Von Bedeutung ist an dieser Stelle auch, das der Qualitätsmanagement-Begriff inzwischen sehr weit gefasst ist und das gesamte System davon durchdrungen ist.

Historisch gesehen ging es zunächst um eine Kontrolle von Qualität bei einzelnen Produkten. Dies weitete sich auf den gesamten technischen Produktionsprozess aus. Es entwickelte sich im Verlauf ein Blick unter Qualitätsgesichtspunkten auch auf andere Bereiche des Betriebes und hielt von dort auch Einzug in den Dienstleistungsektor. Im Verlauf dieser Entwicklung rückten auch die Mitarbeitenden als betriebsrelevant in den Fokus und wurden wichtiger Bestandteil der Entwicklung und Pflege von Qualitätsmanagement, haben sie doch vor Ort auf der Microebene eines Systems den besten Einblick und die meiste Erfahrung in den jeweiligen Prozessen. Es geht um eine Dienstleistung, die versucht, die Erwartungen der Patient*innen zu erfüllen. Es geht aber auch darum, dass Mitarbeitende gewissermaßen auch Kund*innen im eigenen System sind, die ebenfalls Erwartungen an den Betrieb haben, die im Rahmen von Qualitätsmanagement erfüllt werden sollen, z. B. Einhaltung des Arbeitsschutzes, Vorhalten der notwendigen technischen Ausrüstung und störungsfreien Nutzbarkeit inklusive Qualitätsmanagement-gesteuerter Prozesse bei Defekten eines Geräts.

Und auch die Krankenhausseelsorge nimmt, wie in den vorgestellten Konzepten deutlich wird, nicht nur Patient*innen in den Blick, sondern auch die Begleitung der anderen Berufsgruppen im Krankenhaus, hier insbesondere pflegendes und ärztliches Personal.

Ernst zu nehmen ist dagegen der Vorwurf eines übermäßigen Einsatzes von Ressourcen an Zeit, Mitarbeitenden und Geld. Qualitätsmanagement hat eine Eigendynamik, sodass besonders im Randbereich von Prozessen Auswüchse entstehen. Möglichkeiten einer Begrenzung innerhalb eines Qualitätsmanagement-Systems sind für die Anwendenden schwer vorzunehmen, d. h., man kann in der Regel nur das komplette System umsetzen. Die Vorgaben kommen von außen. Qualitätsmanagement ist außerdem ein Markt geworden, bei dem viele Anbieter um die Gunst der Kund*innen werben und somit eine ständige Ausweitung der Anforderungen, eine Aufblähung des Systems und der damit einhergehenden Kontrollen auch im wirtschaftlichen Interesse der Anbietenden liegt. Leider zeichnet sich hier noch keine Sättigung ab.

Es ist offensichtlich, dass, je nachdem, auf welche Berufsgruppe sich Qualitätsmanagement bezieht, die Qualitätsziele sehr unterschiedlich sein können und die Qualität der Seelsorge ganz andere Anforderungen hat als die der Medizin oder Pflege, die hier genauer dargestellt wurden. Grundsätzlich gehören aber alle zum Bereich der Dienstleistung. Qualität geschieht hier gewissermaßen in Beziehung. Insofern sind daher die grundsätzlichen Überlegungen zu Qualität auch für die Seelsorge interessant. Anhand verschiedener Qualitätskonzepte rückt auch spezielle Seelsorgequalität in den Mittelpunkt.

5 Qualitätsmodelle im christlichen Krankenhaus

Auf dem Weg hin zu einem Qualitätsmangement für Kliniken werden die folgenden historischen Linien kurz nachgezeichnet, da sie noch einmal das im vorhergehenden Kapitel Dargestellte zusammenfassen und Basis für das Verständnis eines Qualitätsmanagementsystems in Krankenhäusern sind.

DIN steht für Deutsches Institut für Normung als nationales Institut mit Sitz in Berlin und ISO steht für International Organization for Standardization als internationales Institut in der Schweiz. EN steht dabei für Europäische Norm, die mit der internationalen identisch ist. Die darin enthaltenen Normen sind Anforderungen im Sinne einer Empfehlung. 1987 erfolgte die erste Publikation solcher Normen. „Herzstück des Qualitätsmodells nach DIN EN ISO 9001 ist das Prozessmodell des Qualitätsmanagements. Es verdeutlicht die Philosophie, Qualitätsmanagement als einen systematischen Prozess aufzufassen."[143]

Das Prozesshafte wird an dem Qualitätsmanagementkreislauf, auch PDCA-Zyklus genannt, offensichtlich. PDCA steht für Plan, Do, Check, Act. Die Planung (plan) geht der Umsetzung voraus (do), diese wird dann auf ihre Wirksamkeit überprüft (check) und es folgen ggf. Veränderungen und Anpassungen (act). Durch Checklisten werden alle Bereiche im Qualitätsmanagementsystem in vorgegebenen Abständen nach dem PDCA-Zyklus überprüft. Eine Weiterentwicklung stellt das EFQM Modell (European Foundation for Quality Management) dar. Es sieht Qualitätsmanagement nicht „als Teil oder Aufgabe des Managements an, sondern als ein qualitätsorientiertes Grundverständnis der gesamten Unternehmensführung (Unternehmerqualität), das alle Leistungsbereiche sowie Funktions- und Organisationseinheiten

143 Hensen 2019, S. 124.

durchdringt“[144]. Hervorgehoben werden die Aspekte der Nachhaltigkeit und Ergebnisorientierung. Darüber hinaus basieren die Grundkonzepte auf grundlegenden Menschenrechten, insbesondere den Europäischen Werten, die in der „European Convention on Human Rights“ und in der „European Social Charta“ verankert sind[145] .

Da hier im weitesten Sinne übergeordnete Werte in die Unternehmensziele integriert werden, ist auch ein Einsatzbereich für Krankenhausseelsorge denkbar, die bei der Auswahl solcher Werte sowie bei der Implementierung in den Unternehmenszielen und der Umsetzung unterstützt und berät. Für das Gesundheitswesen gibt es aber auch eigene Qualitätsmodelle.

KTQ meint Kooperation für Transparenz und Qualität im Gesundheitswesen. Seit 2001 soll damit Krankenhäusern die Möglichkeit zu einem freiwilligen Zertifizierungsverfahren gegeben werden. Träger dieser Kooperation sind die Bundesärztekammer, die Deutsche Krankenhausgesellschaft und der Deutsche Pflegerat.

Ein Kriterienkatalog ist abzuarbeiten und dient als Grundlage für eine Zertifizierung. Die Kriterien sind: Patientenorientierung, Mitarbeiterorientierung, Sicherheit-Risikomanagement, Informations- und Kommunikationswesen, Unternehmensführung und Qualitätsmanagement. Auch hier kommt, wie bei DIN ISO EN, der PDCA-Zyklus zum Einsatz.

ProCum Cert wurde zeitgleich mit KTQ entwickelt, enthält aber zusätzliche Kriterien zum Katalog von KTQ, die das spezifische christliche Profil konfessioneller Krankenhäuser abbilden. Wenn proCum Cert als Qualitätssiegel angestrebt wird, muss dies auf der Basis von KTQ oder auch DIN ISO EN zertifiziert werden.

KTQ und proCum Cert haben einen gemeinsamen Qualitätskriterienkatalog:

1. Patientenorientierung in der Krankenversorgung
2. Sicherstellung der Mitarbeiterorientierung
3. Sicherheit im Krankenhaus
4. Informationswesen
5. Krankenhausführung
6. Qualitätsmanagement

144 Ebd. S. 136.
145 Ebd. S. 137.

Die folgenden drei Punkte sind dann spezifisch für proCum Cert:

7. Seelsorge im kirchlichen Krankenhaus
8. Verantwortung gegenüber der Gesellschaft
9. Trägerverantwortung

KTQ oder DIN EN ISO können auch z. B. von öffentlichen oder privaten Trägern zur Zertifizierung von Qualitätsmanagement gebraucht werden. ProCum Cert bildet dann die Qualitätskriterien ab, „[...] die aufgrund des christlichen Selbstverständnisses als notwendig erachtet werden, aber bei anderen Trägern nicht in gleicher Dringlichkeit oder überhaupt nicht vorgefunden werden."[146] Wichtig ist proCum Cert eine Unternehmensführung auf der Grundlage christlicher Werte, Führungsverantwortung, Verständnis von Krankheit und Orientierung am Patienten, Orientierung am Mitarbeiter, Seelsorgeverständnis und Verantwortung gegenüber der Gesellschaft.[147] ProCum Cert geht damit über die Modelle DIN ISO EN und KTQ hinaus und zeigt Ansätze wie EFQM im Sinne einer Werteorientierung und einer Verantwortung, die über die Unternehmensgrenzen hinausgeht.

Die vorgenannten Kriterien dienen den Unternehmen zunächst für eine Selbsteinschätzung. Kommt hier eine vorgegebene Punktzahl zusammen, kann die Zertifizierung beantragt werden. Qualitätskontrolleur*innen sehen zunächst die Selbsteinschätzung ein und überprüfen diese dann vor Ort im Rahmen einer strukturierten Visite. Erneut werden Punkte vergeben. Mindestens 55 % der möglichen Punktzahl müssen erreicht werden, um ein Zertifikat zu erhalten.

146 Fischer 2010, S. 177.
147 Auflistung entnommen Ebd. S. 177–178.

6 Wieviel Qualität kann Seelsorge leisten?

Es geht den Autor*innen des Qualitätshandbuches der Krankenhausseelsorge Harmut Wortmann, Thomas Jarck und Ulrike Mummenoff um Herstellung von Transparenz für das pastorale Handeln. Hierbei unterscheiden sie eine nach außen gerichtete Transparenz gegenüber Träger und Öffentlichkeit und eine nach innen gerichtete Transparenz zur Verständigung im System Krankenhaus. „Das Qualitätshandbuch für Evangelische Krankenhausseelsorge beschreibt somit Leitlinien und Grundstandards für eine gemeinsame und abgestimmte Verständigung von evangelischer Krankenhausseelsorge in einer Region."[148]

Im Qualitätshandbuch wird die Krankenhausseelsorge klar der Kirche zugeordnet und soll nicht eine Teilfunktion des Systems Krankenaus werden. Die Qualität dient hier dazu, Rechenschaft über die eigene Arbeit abzulegen, Transparenz herzustellen und auch im Kontakt mit anderen Akteuren im System gestaltend tätig zu sein. Dargestellt wird, dass es auch schon vor einem gesetzlich geforderten Qualitätsmanagement Strukturen gab, die der Qualität verpflichtet waren. So fanden und finden regelmäßige Visitationen und Mitarbeiter*innengespräche statt oder ein Berichtswesen ist implementiert. Mit Qualitätsmanagement sollen diese schon vorhandenen Praktiken strukturiert erfasst und weiterentwickelt werden. „Ziel dieses Qualitätshandbuches ist es, dazu beizutragen, dass Qualität in der Klinikseelsorge nicht zufällig entsteht, sondern bewusst in einem geregelten Reflexions- und Fortentwicklungsprozess angestrebt und verwirklicht wird."[149]

148 Wortmann. 2010. S. 17.
149 Ebd. S. 20.

Das Qualitätsmodell von Avedis Donabedian wird vielfach im Raum der Krankenhaussellsorge genau aus den vorgenanten Gründen zur Strukturiernung genutzt.

In den 1980er-Jahren entwickelte der Amerikaner Avedis Donabedian Qualitätskriterien im Sinne einer sequenziellen Gliederungssystematik.[150] Er unterscheidet eine Struktur-, Prozess- und Ergebnisqualität. Zur Strukturqualität gehören z. B. die personelle Ausstattung, die Räumlichkeiten, Beschilderung im Krankenhaus oder die Erreichbarkeit z.B. mit öffentlichen Verkehrsmitteln. Mit der Prozessqualität wird die Art und Weise erfasst, mit der eine Leistung erbracht wird, so z. B. Standards aus medizinischen und pflegerischen Leitlinien, Kooperation der verschiedenen Berufsgruppen im Krankenhaus oder auch Empathie. Mit der Ergebnisqualität wird erfasst, inwiefern die angestrebten Ziele erreicht werden. „Aus versorgungsrelevanter Sicht betrachtet Ergebnisqualität die Wirkungen der Leistungen hinsichtlich ihrer medizinischen bzw. pflegerischen Zielerreichung.“[151]

Diese Strukturierung, oft in modifizierter Form, ist Grundlage vieler Qualitätsmanagementsysteme. Kohli-Reichenbach bezieht sich in ihrem Artikel „Krankenhausseelsorge im Fokus der Qualitätssicherung“ ebenfalls auf diese lineare Aufteilung und versucht hier eine Übertragung auf die Krankenhausseelsorge.[152]

Erweitert wird dieses Modell von ihr um Konzeptqualität, den Aspekt der Kriterien- und Anforderungsqualität. Diese befasst sich mit dem Leitbild und hat einen normativen Charakter für das Qualitätsmanagement. Claudia Kohli-Reichenbach legt hier das Problem dar, als konfessionelle Seelsorge in einem zur Wertneutralität verpflichteten Krankenhaus entsprechende Leitbilder zu entwickeln.

Ist die Krankenhausseelsorge in einem konfessionellen Haus tätig, gestaltet sich die Entwicklung eines Leitbildes einfacher und das Leitbild des Hauses kann im speziellen Seelsorge-Leitbild fortgeführt werden. Im Kontext eines nicht konfessionellen Hauses dagegen muss das Seelsorgeleitbild ggf. spezifisch dazu Stellung nehmen, wie das Verhältnis mit Patient*innen anderer religiöser Herkunft oder auch nicht religiösen Patient*innen zu gestalten ist. „Mehr denn je sind Seelsorgende heute in ihrer Fähigkeit gefordert, sich auf verschiedene Sprachspiele einzulassen.“[153]

150 Donabedian Avedis. In Hensen Peter. Qualitätsmanagement im Gesundheitswesen, S. 32–37.
151 Ebd. S 33.
152 Kohli Reichenbach 2018, S. 299–313.
153 Ebd. S. 307.

Die Darstellung der Strukturqualität nutzt Kohli Reichenbach insbesondere zur Auseinandersetzung mit interprofessioneller Zusammenarbeit, die sie hier verortet sieht. Herausgefordert ist diese besonders durch Spiritual Care, da sie per se aus interprofessioneller Zusammenarbeit entstanden ist. Am Beispiel der Dokumentation macht Kohli Reichenbach deutlich, dass Probleme für Interprofessionalität seitens der Seelsorge insbesondere in der Weitergabe von Informationen gesehen werden. So berufen sich Krankenhausseelsorgende auf das Beichtgeheimnis und die Seelsorgeverschwiegenheit, um keine Informationen aus Seelsorgegesprächen weiterzugeben. „Die Frage nach der strukturellen Verortung der Seelsorge spitzt sich bei der Dokumentationspraxis zu und ist gegenwärtig Gegenstand kontroverser Diskussionen."[154]

Die Prozessqualität in der Seelsorge stellt sich besonders komplex dar. Prozesse in der Seelsorge sind i. d. R. nicht standardisiert. Jedes Gespräch ist anders. Während ärztliche Anamnesegespräche, gerade innerhalb eines Fachgebietes, weitestgehend strukturiert ablaufen und somit eine gewisse Vergleichbarkeit vorliegt, ist Seelsorge nach Michael Klessmann unstrukturiert: „Allerdings besteht eine grundlegende Schwierigkeit darin, dass Seelsorge […] eine hoch unstrukturierte Tätigkeit ist."[155] Das ist aber auch eine ihrer Stärken. Beschrieben werden kann deshalb u. a. genau diese Offenheit als ein Charakterzug des seelsorglichen Gespräches. Ein solches Gespräch hat keine definierten Endpunkte. „Seelsorge ist dabei zunächst zielfrei […]"[156]. Patient*innen können den starren Rahmen der Krankenhausstrukturen in seelsorglichen Gesprächen verlasen. Der oder die Seelsorgende weiß i. d. R. vor dem Gespräch nichts oder wenig über den zu erwartenden Inhalt. Wie wird für die Patient*innen eine entsprechende Gesprächssituation hergestellt? Wie stellt der/die Seelsorgende Beziehung her? Welches sind die kommunikativen Mittel? Anders als beim ärztlichen, therapeutischen Handeln gibt es zu Beginn kein definiertes oder zumindest angestrebtes Ergebnis. Das heißt nicht, dass es keines geben kann, aber es bleibt erst einmal unklar, und das darf es auch. Es wird Zeit und Raum angeboten. „Durch Wertschätzung, Anerkennung und durch die zeitliche Präsenz, die die Seelsorger*innen mitbringen, werden Kranke emotional gestärkt und gestützt in einer für sie prekären Situation. Sie bekommen Raum, ihre Gefühle zu artikulieren und ihre Wünsche und Bedürfnisse wahrzunehmen."[157] Und weiter: „Seelsorge muss schon aus diesem Grund keine Lösungen anbieten, sondern kann das Nichtwissen, den Zweifel, die Ambiguität aushalten, gelegentlich sogar

154 Ebd. S. 307.
155 Klessmann 2002, S. 145.
156 Karle 2010, S. 547.
157 Ebd. S. 546.

verstärken. Ihr erstes Ziel ist deshalb auch nicht die Sinnfindung in Krankheit und Leid oder die Steigerung von Lebensqualität. Seelsorge muss einer Krankheit keinen höheren Sinn beilegen."[158]

Dieses Raum- und Zeitangebot deutet Klessmann für sich wie folgt aus: „Ich verstehe Seelsorge als Angebot zur Begleitung, zur Begegnung und zur Lebensdeutung im Horizont des christlichen Glaubens."[159] Hier beschreibt Klessmann dann Leitfragen, die sich zur Qualitätsprüfung eignen. Die von ihm hier übernommenen Begriffe stammen aus der Psychotherapieforschung. Unter dem Begriff „Beziehungsperspektive" fragt er: Wie steht es um die Beziehung in der Seelsorge, wie werden Wertschätzung, Wärme, Interesse und Respekt vermittelt? Hilft eine „Klärungsperspektive" dem/der Kranken, sich selbst und seine bzw. Situation besser zu verstehen? Und gibt es eine „Trostperspektive"?[160] Wird Hilfe angeboten, das nicht mehr Abwendbare wahrzunehmen, auszuhalten, anzunehmen? Welche theologischen Angebote gibt es angesichts der Krise der Patientinnen? Welche Symbolhandlungen kommen zum Einsatz? Wie kann Bibel einfließen, welchen Stellenwert haben auch psychologische Deutungsmuster und besteht die Möglichkeit, im Gegensatz zur erfolgsorientierten Medizin auch das Scheitern zuzulassen?

In der Psychotherapie gibt es daneben noch die „Problemlösungsperspektive". Diese begegnet einem in Entsprechung zum vorher Geschilderten in der Krankenhausseelsorge seltener. Sie kann aber bei konkreten Fragestellungen im Seelsorgegespräch auch zum Tragen kommen, z. B. bei der Frage, ob ein Kranker seine Familie ehrlich über seine unheilbare Erkrankung informieren soll, angesichts der Sorge, dass seine Frau damit nicht fertig wird.

Die Schwierigkeiten, eine Ergebnisqualität zu erfassen, sind durch den vorher beschriebenen Charakter eines Seelsorgegespräches schon miterfasst. Das Gespräch ist unstrukturiert, es gibt keine klare Zielvorgabe, anders als im medizinischen Gespräch, das i. d. R. auf eine Therapie, eine Heilung oder wenigstens Verbesserung der Situation zielt. Weder die Patient*innen, noch die Seelsorgenden wissen vorher, was am Ende des Gespräches steht. Idealerweise ist das, was am Ende steht, eine Hilfe für die Patient*innen. Besonders herausfordernd wird es, wenn das Seelsorgegespräch eine Dimension von Transzendenz enthalten soll, da die Begegnung mit Gott unverfügbar ist. Und eben diese Unverfügbarkeit wird auch als ein Argument gegen

---

158 Ebd. S. 547.
159 Klessmann 2002, S. 148.
160 Ebd. S. 149.

Qualitätssicherung und Dokumentation genommen. Wenn der Erfolg eines seelsorglichen Gespräches von dem Wirken des Geistes abhängt, kann man dessen Qualität nicht erfassen.

„Bei allem Nachdenken über Qualität ist uns sehr bewusst, dass das Gelingen von Seelsorge nicht ‚programmierbar' ist, denn Gottes Handeln in dieser Welt geschieht durch seinen Geist und nicht durch unser menschliches Planen und Tun. Aber wir können das tun, was Menschen tun können und müssen: nach bestem Wissen und Gewissen unsere Möglichkeiten dafür nutzen, dass Gottes Geist wehen kann und geschieht."[161] Zunächst heißt das lediglich, dass ein qualitativ hochwertiges Gespräch (empathisch, aufmerksam, die Fragen der Patient*innen erfassend, Deutungsangebote und nicht Deutungsempfehlungen machend) nicht automatisch zum Wirken des Heiligen Geistes führt. Besteht dann aber nicht die Gefahr, dem Gespräch nur unter der Bedingung von Transzendenzerfahrung Bedeutsamkeit beizumessen?

Vielleicht kann hier die Aufteilung in eine kleine und große Transzendenz, wie sie Schneider-Harpprecht in seinem Artikel vornimmt, helfen: „Seelsorge ist eine Dimension des Zusammenlebens von Menschen im Krankenhaus, in der die Offenheit und das Angewiesensein von kranken und gesunden Menschen auf die kleine Transzendenz der Begegnung mit dem anderen und auf die große Transzendenz der Begegnung mit dem göttlichen Lebensgrund erfahren wird."[162] Man kann diese Aufteilung auch so verstehen: Die hier sogenannte kleine Transzendenz ist eine mögliche Grundlage für die hier sogenannte große Transzendenz. Warum sollte man sonst überhaupt das Gespräch führen? Warum sollte man sich Mühe geben, analog kann man fragen, warum sich bemühen, gute Gottesdienste zu feiern? Würden dann nicht nur Symbolhandlungen und Sakramente ausreichen? Wieso dann eine differenzierte theologische Ausbildung? Und wie frustrierend müsste es für die Seelsorgenden sein, wenn ein Gespräch nur dann Wert hat, wenn am Ende eine Erfahrung von Transzendenz steht? Und was hieße ein solcher Ansatz für Gespräche mit Menschen anderer Religionen?

---

161 Wortmann et al. 2010, S. 20.
162 Schneider-Harpprecht 2002, S. 431.

Fallvignette

Auf der anderen Seite kennt der Arzt, die Ärztin, die Schwester, der Pfleger, Gespräche mit Patient*innen, die den üblichen medizinischen oder pflegerischen Rahmen verlassen, die Situation übersteigen und von beiden Seiten als gelungen, wohltuend und hilfreich empfunden werden. Nicht selten kommen hier auch religiöse Aspekte und Spiritualität zur Sprache. Diese Gespräche können seelsorglichen Charakter haben.
Ärztinnen und Ärzte führen regelmäßig Gespräche über das erreichte Ende einer Therapie, die fehlenden Optionen. Es geht um das Benennen von Sterben und Tod und das Angebot der Palliativmedizin. Solche Gespräche können gelingen, meistens nicht innerhalb eines Termins, sondern im Rahmen eines Prozesses, aber die Patient*innen können die Situation vielleicht erfassen, annehmen und die Blickrichtung ändern. Diese Gespräche finden an der Grenze zur Seelsorge statt oder je nach Blickwinkel sind sie auch seelsorglich. Eine Transzendenzerfahrung nehmen sie nicht für sich in Anspruch, was nicht heißt, dass diese nicht passieren kann, aber ein besonderer Wert kommt ihnen allemal zu, und im Sinne einer Hilfe für die Kranken auch eine Qualität.

Es besteht die Gefahr, dass Seelsorge die gleichen Qualitätskriterien anlegt wie die Medizin und Qualität mit Erfolg gleichsetzt. Zwar wird betont, dass Seelsorge genau dann gefragt ist, wenn die Medizin keine Antworten mehr hat, im Angesicht der Kontingenz. Es entsteht aber der Eindruck, dass die Seelsorge selbst das Aushalten der Kontingenz, die Sprach- und Antwortlosigkeit nicht als Qualität sieht. Möglicherweise klingt der Begriff der Qualität hier zu beschönigend, besser spräche man vielleicht von Güte. Aber die Kontingenz mit den Patient*innen zusammen auszuhalten, ist ein unverzichtbarer Wert, der eben auch eine Art von Güte meint. „Das Erleben von Kontingenz und das würdigende Anteilnehmen an unheilbarem Leid und unlösbaren Lebenskrisen kann nicht in Erfolgsparametern ausgedrückt werden. Seelsorge wird hier anders als lediglich in Zahlen kommunizieren müssen, um die Bedeutung ihres Tuns anschaulich und sichtbar zu machen. Gerade mit ihrer kritischen Distanz zu einer ausschließlich erfolgsorientierten Sichtweise im Krankenhaus leistet sie als theologische Profession einen maßgeblichen Beitrag."[163] Die Kopplung des Qualitätsbegriffs an Erfolg entspricht nicht der ursprünglichen Definition, denn Qualität meint die Übereinstimmung von Leistungsangebot mit Erwartungen und Ansprüchen. Eine solche Übereinstimmung ist aber auch in kritischen Situationen, in der fehlenden Perspektive, in der Sprachlosigkeit möglich. An dieser Stelle

---

163 Haart 2019, S. 100.

sei noch einmal der bereits oben erwähnte Qualitätsbegriff von Klessmann genannt, er spricht von „Lebensdeutung“ und nicht Lebenslösung. Möglicherweise ist es hilfreich, die Unterstützung der Patient*innen durch die Seelsorge bei der Kontingenzbewältigung nicht primär aus der Opposition zum scheinbar erfolgsorientierten System Krankenhaus zu definieren, sondern sie im wahrsten Sinne des Wortes als organische Fortsetzung der Prozesse im Rahmen einer Krankheit zu begreifen. Dann kann hier der Begriff Qualität vielleicht eine bessere Passform bekommen.

Anhand der Beurteilung durch Struktur-, Prozess- und Ergebnisqualität sind Problemfelder für die Seelsorge in einem Qualitätsmanagement aufgezeigt worden. Zu erwähnen ist in diesem Zusammenhang noch einmal die Problematik von Dokumentation unter Berücksichtigung seelsorglicher Schweigepflicht. Auch wurde deutlich, wie problematisch die Erfassung von Qualität von Seelsorge im Rahme von Prozess- und besonders Ergebnisqualität ist, insbesondere unter Verweis auf die Unverfügbarkeit seelsorglichen Tuns.

Die Einteilung nach Donabedian ist zunächst einmal unspezifisch und liegt verschiedenen Qualitätsmanagement-Systemen zugrunde. Daher sind die Überlegungen bisher eher theoretisch. ProCum Cert ist ein eigens für die Seelsorge entwickeltes Zertifizierungsverfahren. Anhand dieses Verfahrens können noch einmal die oben angeführten Überlegungen gewissermaßen in die Praxis übertragen werden. Unter der Betrachtung des speziell christlichen Profils eines Krankenhauses geht es um Trägerverantwortung, Mitarbeiter*innenorientierung, Spiritualität und Verantwortung gegenüber der Gesellschaft. Damit trägt dieses System die im vorhergehenden Kapitel benannten Merkmale eines Kriterien- und Anforderungsmodells. Daneben trägt es auch, im Überschreiten der Betriebsgrenzen, z. B. durch die Frage nach gesellschaftlicher Relevanz, Merkmale eine Exzellenz im Sinne von EFQM.

7 ProCum Cert als spezielles Qualitätsinstrument für Krankenhausseelsorge

ProCum Cert ist ein Zertifizierungsverfahren, „(...) in welchem das kirchliche Profil und die spezifische Qualität konfessioneller Häuser abgebildet werden kann".[164] „ProCum Cert hat sich [...] mit der Entwicklung von Qualitätskriterien beschäftigt, die das spezifisch Christliche eines Krankenhauses abbilden sollen."[165]

Dabei ist eine Zertifizierung der Seelsorge nur im Gesamtkontext der Zertifizierung des ganzen Hauses möglich. Es geht um Trägerverantwortung, Sicherstellung der Mitarbeiterorientierung, Spiritualität (Seelsorge) und Verantwortung gegenüber der Gesellschaft. Die Kategorie Spiritualität wird in 5 Subkategorien aufgeteilt, z. B. spirituelle Sterbebegleitung, Organisation der Seelsorge oder auch das Raumangebot, welches für seelsorgliches Tun zur Verfügung steht. Entsprechend der zuvor dargestellten Vorgehensweise zur Etablierung von Qualitätsmanagement soll die Klinikseelsorge anhand von vorgegebenen Fragen eine Selbstbewertung des Istzustandes vornehmen. Mit Hilfe der oben schon dargestellten Systematik von Plan, Do, Check, Act erfolgt dann die weitere Bearbeitung des Istzustandes im Sinne einer Anpassung und Optimierung über beschlossene Maßnahmen.

Fischer fragt in seinem Artikel „Seelsorge mit Brief und Siegel. Kann man Krankenhausseelsorge zertifizieren?"[166], ob mit dem Fragenkatalog die Qualität von Seelsorge tatsächlich erfasst werden kann. „Genauer: Gibt es nicht

164 Fischer 2004. S. 384.
165 Ebd. S. 385.
166 Ebd. S. 385.

einen unverfügbaren Raum zwischen Gott und den Menschen, zwischen Seelsorgern und Patienten, gibt es denn nicht eine dem Betrachter nicht einsehbare innere Entwicklung eines Patienten oder seiner Angehörigen, die all diese Fragen (aus proCum Cert, Anm. des Autors) entzogen bleiben, sich aber gerade darin das entscheidende Qualitätsspezifikum von Seelsorge abbildet?"[167]

Auch hier liegen die oben dargestellten Qualitätskriterien von Struktur-, Prozess- und Ergebnisqualität zugrunde. Fischer teilt die in proCum Cert vorgegebenen Fragen diesen Bereichen zu. Dabei sind 90 % der Fragen der Struktur- und Prozessqualität gewidmet. Nur 10 % der Fragen befassen sich mit der Ergebnisqualität. „Die Zurückhaltung in Bezug auf die Ergebnisqualität in der Seelsorgearbeit ist angemessen [...]. Die Beziehungs- und Begegnungsqualität eines Seelsorgers kann das Zertifikat proCum Cert nicht erfassen."[168]

Die von Klessmann benannten Qualitätsmerkmale der Beziehungsgestaltung, Klärungs-, Trost- und Problemlösungsperspektive sieht Fischer v. a. durch die Reife (spirituell) und Erfahrung der Seelsorgenden gespeist und „weniger aus gelernten Gesprächstechniken, die zweifelsohne dazugehören".[169] Um zu zertifizieren, müssten diese Qualitätskriterien aber messbar sein, was schwierig und bei Transzendenzerfahrung schier unmöglich ist. „Messbarkeit der Qualität in der Krankenhausseelsorge wird es anhand festgelegter Parameter statistisch nachweisbar eher nicht geben, ‚weiche Qualitätskriterien', wie bei Schubert beschrieben, geben aber hinreichend Auskunft über die Qualität."[170]

So können die Voraussetzung für eine gute Qualität, auch im Sinne der Ergebnisqualität, sehr wohl geschaffen werden. Zum Beispiel kann die theologische Ausbildung, die Weiterbildung etwa in Gesprächsführung oder auch Supervisionen, die Grundlage für eine gute Seelsorge, hier gute Gespräche, unter dem Aspekt von Beziehung, Begegnung, Klärung, Trost und Problemlösung bilden. Diese Voraussetzungen sind dann Teil der Struktur- und Prozessqualität und können als solche auch erfasst, transparent und in gewissem Sinne auch messbar gemacht werden. Im Hinblick auf die von Fischer benannte Reife der Seelsorgenden sind gerade die eigene Reflexion oder auch die Supervision von entscheidender Bedeutung. Reflexion der eigenen Arbeit ist ein Merkmal von Professionalität. „Im Vordergrund stehen also die Struktur- und Prozessqualität. Nach Donabedian haben allerdings diese beiden

167 Ebd. S. 387.
168 Ebd. S. 389.
169 Ebd. S. 389.
170 Wortmann et al. 2010, S. 22.

Qualitätsdimensionen auch eine Auswirkung auf die Ergebnisqualität: Eine hohe Strukturqualität ermöglicht qualitativ gute Prozesse, die sich ihrerseits wiederum auf die Qualität der Seelsorge auswirken."[171]

Fallvignette

Im medizinischen Bereich ist es kaum anders. Es wurde oben schon geschildert, welche Tragweite auch ärztliche Gespräche mit den Patient*innen haben können. Gerade wenn es um Kontingenz geht, eröffnet i. d. R. der Arzt oder die Ärztin das Gespräch über diese Phase der Krankheit, wenn heilende oder helfende Therapien nicht mehr zur Verfügung stehen und der Tod unabwendbar wird. Die Medizin zieht sich zurück aus der aktiven Gestaltung im Krankheitsverlauf oder setzt diese im Rahmen von Palliativmedizin fort. Oft kommen zu diesem Zeitpunkt die Seelsorgenden hinzu. In diesem Übergang zwischen Medizin und Seelsorge sind aufseiten von Ärztinnen und Ärzten sowie Seelsorgenden ähnliche Kompetenzen gefragt in Bezug auf Kommunikationsfähigkeiten. Aber auch auf ärztlicher Seite werden im Rahmen von Qualitätssicherung diese Kompetenzen nicht abgefragt, gemessen, bewertet. Und wenn man im Sinne der Strukturqualität bei Seelsorgenden eine entsprechende Aus-, Fort- und Weiterbildung und Supervision erwartet, so ist diese im Hinblick auf Kommunikation im Arztberuf kaum implementiert. Zwar wird dem im Medizinstudium mittlerweile mehr Raum gegeben, aber einmal in die klinische Tätigkeit eingetreten, finden hier keine regelhaften Aktualisierungen oder z. B. Supervisionen statt. Einer der Gründe dafür ist sicherlich die immer noch führende biologistische Sichtweise der Schulmedizin. Die Bedeutung des Gespräches ist unterrepräsentiert. Aber auch hier kommt Unsicherheit hinzu, wie denn die Qualität des ärztlichen Gespräches zu erfassen und zu bewerten ist.

Auch beim Qualitätsmanagement der Praxis wird dieser Punkt höchstens im Rahmen von Patient*innenbefragungen erfasst, die alle zwei Jahre stattfinden. Hier erfolgt die Erfassung mit der allgemeinen Frage, wie die Patient*innen mit der ärztlichen Behandlung zufrieden sind. Wie vormals dargestellt, nehmen messbare Faktoren wie Erfolge bei Operationen, niedrige Zahlen bei Krankenhausinfektionen, Nichtüberschreiten der Liegezeiten, Dokumentation von Fortbildungen in Hygiene, Brandschutz, Arbeitssicherheit, Dokumentation von Aufklärung den größten Raum ein. Das Gespräch zwischen Ärzten, Ärztinnen und Kranken bietet nur weiche Parameter. Welche Sprache hat der Arzt oder die Ärztin gewählt, den aktuellen Sachverhalt in Bezug auf die Erkrankung der Patient*innen darzustellen? Ist es ihnen gelungen, dies zu vermitteln, hatten die Patient*innen Gelegenheit zur Frage? War die Ärztin

---

171 Ebd. S. 389; Fischer bezieht sich hier auf Mehler 2002.

oder der Arzt vorbereitet auf verschieden Reaktionen der Patient*innen, sind sie einer Sprachlosigkeit der Patient*innen gewachsen? Gab es ein Angebot eines erneuten Gespräches, nachdem die Patient*innen Gelegenheit hatten, das Gesagte ein erstes Mal zu verarbeiten? Gut ausgebildete Krankenhausseelsorger*innen werden im Gespräch vielen Ärzt*innen in diesen Punkten überlegen sein. Natürlich sind die Inhalte der Gespräche ganz anderer Art, die Erwartungen vor allem der Patient*innen auch, aber das Rüstzeug für den Arzt oder die Ärztin oder den/die Seelsorgende ist bis zu einem gewissen Punkt vergleichbar.

Vielleicht kann eine solche Sichtweise auch den Druck aus der Diskussion um Qualität und deren Messbarkeit in der Seelsorge nehmen. Schließlich ergibt sich die Notwendigkeit oder auch der Wunsch der Seelsorge nach Qualitätsmanagement nicht zuletzt aus der gesetzlich geforderten Qualität im Gesundheitswesen. Seelsorge soll diese, auch um im Krankenhaussystem präsent zu sein und in Kooperation mit anderen Akteuren zu treten, übernehmen. Sie muss diese aber nicht übertreffen und kann an den gleichen Punkten wie oben für den ärztlichen Bereich angegeben eine kritische Haltung zu Qualitätsmanagement, insbesondere vor dem Hintergrund einer Ergebnisqualität, einnehmen.

8 Zusammenfassung Teil II

Ein geeignetes Instrument zur Integration von Seelsorge in das Krankenhaus kann Qualitätsmanagement sein. Nach einer allgemeinen Darstellung von Begrifflichkeiten aus dem Qualitätsmanagement, einer Entwicklung von Qualitätsmanagement aus der industriellen Produktion kommend in den Dienstleistungssektor, wurden verschieden Qualitätsmanagement-Modelle wie DIN ISO EN, EFQM und KTQ dargestellt.

Von konfessioneller Seite wurde das Qualitätsmanagement-Zertifizierungssystem proCum Cert entwickelt, welches eine Christliche Perspektive in der Seelsorge einnimmt. Auch diesem unterliegt die klassisch zu nennende Aufteilung nach Donabedian in Struktur-, Prozess- und Ergebnisqualität. Bei der Erfassung der Qualität der Seelsorge bereitet besonders die Ergebnisqualität Probleme. Inwiefern kann die Qualität eines seelsorglichen Gespräches bestimmt werden? Gerade weil diese Situationen bewusst unstrukturiert sind und damit immer einen spontanen Verlauf nehmen, sind kaum Parameter vereinbar und messbar, die Aussagen über die Qualität zulassen. Hinzu kommt, dass das Wirken des Heiligen Geistes unverfügbar ist. Es ist nicht nachweisbar, ob und wann er wirkt. Dennoch ist es Aufgabe der Seelsorge, durch gut geführte Gespräche zumindest eine Voraussetzung dafür zu schaffen. Aber auch ohne eine mögliche Transzendenzerfahrung haben seelsorgliche Gespräch ihren besonderen Wert. Hier muss Seelsorge sich davon frei machen, nur Transzendenzerfahrung als Erfolg zu werten. Die Seelsorge selbst sieht ihren besonderen Wert darin, das nicht mehr Machbare, die fehlenden Heilungschancen, die Ohnmacht, Sterben und Tod zu benennen und auszuhalten. Und natürlich ist auch dies eine Qualität von Seelsorge.

Im Übrigen ist dies bei der Qualität ärztlichen Handelns nicht anders. Leitlinien garantieren hier die Qualität der medizinischen Leistung. Was die Kommunikation anbelangt, also die Beziehungsebene, wird diese auch hier in ihrer Qualität kaum erfasst. Das liegt in der Natur der Sache, da die Erfassung von Ergebnisqualität an dieser Stelle anders als z. B. in Produktionsprozessen schwer bis unmöglich ist. Gut darstellbar und messbar sind aber z. B. die Ausbildung und Befähigung für diese Tätigkeiten, die fortlaufende Kontrolle z. B. durch eigene Reflexion der Arbeit anhand von Verbatim, ausführlichen Dokumentationen von Patient*innengesprächen oder auch Supervisionen. Gut erfassbar sind also die Struktur- und Prozessqualität.

Aus medizinischer Sicht ist eine Krankenhausseelsorge, die sich dem Qualitätsmanagement stellt und damit eine gemeinsame Sprache spricht, wünschenswert. Dabei dient die Dokumentation dem Austausch in dieser Sprache. Auch ist es für die Mitarbeiter*innen in Medizin und Pflege gut, wenn Seelsorge sich kritisch vor dem Hintergrund ihrer Identität eines schon angebrochenen Reiches Gottes in die Diskussion der zunehmenden Probleme einer merkantilisierten Medizin einbringt.[172]

172 Ein Statement für Qualitätsmanagement in der Seelsorge aus praktischer Sicht einer Eigenerfahrung findet sich bei Mehler 2002, S. 416–424.

Teil III: Dokumentation in der Krankenhausseelsorge

Ähnlich den Einstellungen zum Qualitätsmanagement in der Krankenhausseelsorge, wird die Sinnhaftigkeit der Nutzung von Dokumentation unterschiedlich gesehen: „Während manche vor einer Eingemeindung der Klinkseelsorge in die Gesundheitsberufe warnen und auf die Besonderheit des Seelsorgegeheimnisses hinweisen, sehen andere in dieser Entwicklung vor allem die Chance, die seelsorgliche Expertise zum Wohl von Patientinnen und Patienten in die interprofessionelle Kommunikation einzubringen. Irgendwo dazwischen sind schließlich die Stimmen jener anzusiedeln, die auf die pragmatische Notwendigkeit hinweisen, sich klinikseelsorglich auf eine zunehmende digitale Gesellschaft einzustellen."[173]

173 Peng-Keller et al. 2020, S. 9.

1 White Paper zur Dokumentation von 2022

2022 wurde ein White Paper zum Thema Dokumentation veröffentlicht.[174] Führende Vertreter*innen aus Seelsorge und Wissenschaft zeichnen hier verantwortlich. Herausgegeben wurde es vom European Research Institute for Chaplains in HealthCare (ERICH) „A White Paper aims to present information in order to understand a complex issue, invite opinions, inspire reflection and also to propose ways of acting."[175]

Dokumentation dient einer Verbesserung von Qualität, sei es durch die Reflexion auf Grundlage der Dokumentation oder durch Förderung der Interdisziplinarität. Gerade der letzte Aspekt findet aufgrund des Bezugsrahmens von Spiritual Care, in dem das White Paper geschrieben ist, besondere Beachtung. Zusammenarbeit ist das zentrale Anliegen von Spiritual Care. Kooperation findet aber nicht ausschließlich im Rahmen von Spiritual Care statt. Dies zeigt sich ja schon in den verschiedenen oben dargestellten Seelsorgekonzepten. Es lassen sich also, unabhängig von Spiritual Care, wichtige Informationen und Anregungen aus dem White Paper ziehen.

Zunächst wird die Ausgangslage für Dokumentation dargestellt, die geprägt ist von der Digitalisierung, dem Datenschutz (hier die europaweit gültige Datenschutzgrundverordnung), der zunehmenden Autonomie von Patient*innen, und der Verantwortung der Seelsorgenden.[176]

---

174 Vandenhoeck et al. 2022.
175 Ebd. S. 53–54.
176 Ebd. S. 54.

Anschließend werden die Ziele von Dokumentation beschrieben.

"Documenting spiritual care will (1) make the spiritual needs of patients and those around them visible, (2) optimize communication on chaplaincy care meeting spiritual needs of patients and those around them, and (3) make the contribution of spiritual care visible."[177]

Bedeutsam ist Dokumentation, da sie in erster Linie die seelsorgliche Versorgung der Patient*innen verbessert.

Die Patient*innen erhalten durch Dokumentation eine Stimme, idealerweise in ihrer eigenen Sprache. Anhand der Dokumentation kann der Seelsorger, die Seelsorgerin seine/ihre Arbeit reflektieren, und die Betroffenen profitieren von der Entwicklung, die der/die Seelsorgende dabei im Sinne einer Reifung nimmt. Ein wichtiger Aspekt betrifft Kranke, die häufiger im Krankenhaus liegen (was insbesondere in der Inneren Medizin bei chronischen Erkrankungen der Fall ist). Dokumentation schafft hier Kontinuität, ein Prozess ist möglich. Nachfolgende Seelsorgende können anhand von Aufzeichnungen an Vorgespräche anknüpfen.

Die Dokumentation macht die Tätigkeit der Seelsorgenden transparent und dient der Rechenschaft sich selbst gegenüber, anderen Seelsorgenden oder auch der Kirchen- und/oder Klinikleitung. Dokumentation fördert so die Professionalität. Insbesondere vor dem Hintergrund einer zunehmenden Einbindung von Ehrenamtlichen in die Seelsorge kann Dokumentation der Supervision durch Hauptamtliche und der Fortbildung und Förderung Ehrenamtlicher dienen.[178]

Die Erkenntnisse des White Paper arbeiten Simon Peng-Keller u. a. in dem Buch „Dokumentation als seelsorgliche Aufgabe" weiter aus.[179] Zwar ist auch hier der Kontext Spiritual Care – allein schon aufgrund der dort schon seit Jahrzehnten etablierten Dokumentationspraxis – da aber die Situation der Seelsorge im deutschsprachigen Raum im Zentrum steht, wird hier nicht einfach Spiritual Care übergestülpt.

---

177 Ebd. S. 55.

178 Der Begriff Ehrenamtliche ist hier anders gemeint, als z. B. die in Kapitel beschriebene allgemeine Seelsorge aller im Krankenhaus Tätigen.

179 Peng-Keller et al. 2020.

2 Historische Linien einer Seelsorgedokumentation

Die folgende Darstellung der historischen Entwicklung von Dokumentation in der Seelsorge verdanke ich Peng-Keller und Neuhold in ihrem Beitrag zu o. g. Buch: „Dokumentation klinischer Seelsorge. Hintergründe und aktuelle Entwicklungen.“[180] Dabei wird diese Entwicklung in drei Phasen unterteilt.

Erste Phase: In Boston (USA) wurde zu Beginn des letzten Jahrhunderts durch die Emmanuel-Bewegung unter Leitung des reformierten Theologen Elwood Worcester die soziale und medizinische Versorgung von Armut und Tuberkulose betroffener Menschen und später von Menschen mit Suchterkrankungen und psychiatrischen Erkrankungen organisiert. Es wurden sowohl medizinische, psychologische, psychotherapeutische, aber auch spirituelle Angebote gemacht. Damit wurde ein ganzheitlicher Ansatz verfolgt, in einem interdisziplinären, ambulanten Setting. Da man dieses Experiment auch wissenschaftlich begleiten wollte, war Dokumentation wichtig. Kooperiert wurde mit dem Massachusetts General Hospital und die Dokumentation bestand aus Notizen über moralische und spirituelle Ratschläge und deren Wirkung.

Peng-Keller und Neuhold fassen zusammen: „Mit Blick auf die aktuelle Entwicklung und Diskussion ist das Bostoner Experiment gleich in mehrfacher Hinsicht bemerkenswert: Erstens war die von Worcester und seinen Mitstreitern entwickelte Dokumentationspraxis in einem ambulanten Versorgungsetting angesiedelt, das durch seinen sektorenübergreifenden Charakter heutigen Entwicklungen überraschend nahekommt. Zweitens war

180 Ebd. S. 11–32.

die Seelsorge Teil eines therapeutischen Konzepts, das gleichzeitig medizinisch und theologisch begründet wurde. Und drittens war die Dokumentation so angelegt, dass sie das Seelsorge- oder Beichtgeheimnis offenbar nicht tangierte."[181]

Ein Arzt des Massachusetts General Hospital, Richard Cabot, war für die medizinische Seite der ambulanten Versorgung zuständig. Er war Mitbegründer der CPE, der Clinical pastoral education, die den Übergang in die zweite Phase markiert: Cabot sprach von klinischer seelsorglicher Tätigkeit. „Zum einen stand ihm die interprofessionelle Zusammenarbeit von Ärzt*innen und Seelsorger*innen vor Augen, die einer gemeinsamen therapeutischen Zielsetzung verpflichtet waren. Zum anderen war es die Einsicht, dass Ärzte in einer sich zunehmend spezialisierenden Medizin auf spezialisierte Fachpersonen aus anderen Disziplinen angewiesen sind, um eine gute medizinische Versorgung gewährleisten zu können."[182] Die Dokumentation wurde für die persönliche Reflektion, Supervision und interprofessionelle Kooperation genutzt. Nach Cabot ist Dokumentation Ausweis seelsorglicher Professionalität. Hier wurde der Fokus auf den kreativen Aspekt des Schreibens gelegt. Der Seelsorger sollte das Schreiben für die Reflexion und Weiterentwicklung seiner Arbeit nutzten.

Sowohl Cabot als auch der reformierte Theologe Russell L. Dicks veröffentlichten Werke, in denen auch Kapitel der Dokumentation in der Krankenhausseelsorge gewidmet waren. In dem Werk „Standards for the Work of the Chaplain in the General Hospital" unter Punkt 4, Records of the Chaplain, listet Russel drei Formen der Dokumentation auf: Die erste Form umfasst kurze Notizen, ähnlich der der Ärzt*innen über den Eindruck, den der/die Seelsorgende von dem/der Patient*in hat. Es geht um die Übermittlung von Erkenntnissen, die der/die Seelsorgende im Gespräch mit den Patient*innen erlangt und die von Interesse für den Arzt/die Ärztin sein könnten. „Der Seelsorger bzw. die Seelsorgerin endeckt oft wichtige Dinge über einen Patienten bzw. eine Patientin, die der Arzt wissen muss; diese Entdeckungen und Eindrücke sollten im Patientendossier vermerkt sein."[183] Zur zweiten Kategorie der Dokumentation gehören Notizen für die Erinnerung des Seelsorgers über den Namen der Patient*innen, Datum, Name des behandelnden Arztes/der behandelnden Ärztin und dienen so der Strukturierung der Arbeit und der formalen Dokumentation. Die dritte Kategorie ist eine detaillierte Erfassung komplexer Fälle für die eigene Reflexion des/der Seelsorgenden.

181 Ebd. S. 13.
182 Ebd. S. 13–14.
183 Ebd. S. 14–15.

Es folgt die dritte Phase: Nachdem die detaillierte Beschäftigung mit Seelsorgedokumentation, wie sie im Rahmen der clinical pastoral education erfolgte, in Vergessenheit geriet, führten verschiedene Entwicklungen seit den 1990er-Jahren zu einer neuen Beschäftigung mit dem Thema. Zum einen wurde verstärkt nach den Ergebnissen der Seelsorge im Hinblick auf ihre Wirksamkeit gefragt, zum anderen kam es im Rahmen von Spiritual Care wieder vermehrt zur interprofessionellen Arbeit. Die zunehmende Säkularisierung der Gesellschaft forderte ein neues Verhältnis der Krankenhausseelsorge zu anderen Anbietern von Spiritualität und die Digitalisierung und ihre Möglichkeiten der Dokumentation beförderten das neue Interesse an seelsorglicher Dokumentation.

3 Funktionen von Dokumentation

3.1 Dokumentation zur Leistungserfassung

Die Dokumentation dient der Darstellung der erbrachten Leistungen gegenüber der Klinikleitung, dies kann z. B. in Verhandlungen über die Finanzierung von Seelsorgestellen einfließen. Seelsorge sollte schlicht nachweisen, im welchem zeitlichen Umfang sie welche Tätigkeiten ausgeführt hat. In der Palliativmedizin z. B. gibt es eine palliativmedizinische Komplexbehandlung. Innerhalb dieser sind auch 6 Stunden Gespräche mit Patient*innen und Angehörigen vorgesehen. Diese können auch durch die Seelsorge erfolgen. Es ist selbstverständlich, dass vor dem Hintergrund einer Abrechenbarkeit diese Gespräche auch mit einem Zeitvermerk dokumentiert werden müssen. Es handelt sich um eine Form von quantitativer Qualität.

3.2 Dokumentation im Dienst der Intraprofessionalität

Dokumentation dient der Intraprofessionalität. In diesem Zusammenhang hat sich gezeigt, dass die Qualität von Seelsorge unterschiedlich gut zu erfassen ist. Insbesondere unter dem Aspekt einer Ergebnisqualität gehen die Ansichten über eine mögliche Erfassbarkeit und Messbarkeit von seelsorglicher Qualität auseinander. Voraussetzungen aber, die ein Gelingen der seelsorglichen Gespräche ermöglichen, sind auch unter Qualitätsgesichtspunkten dokumentierbar. Grundlage dafür sind Dokumentation u. a. von seelsorglichen Gesprächen. Diese dient zuerst einmal der eigenen Reflexion. Im Nachhinein kann der Seelsorger, die Seelsorgerin für sich bewerten, wo das Gespräch hätte anders laufen können, wo Aufmerksamkeit fehlte oder das Gespräch zu direktiv wurde. Auf höherer Ebene kann die Dokumentation von Gesprächen zum kollegialen Austausch in einer Gruppe von Seelsorgenden oder auch in der Supervision genutzt werden. Im Sinne einer Verbesserung der Struktur- und Prozessqualität hat dies auch Auswirkungen auf die Ergebnisqualität. „Es sollte außer Frage stehen, dass nach der Wirkung seelsorglichen Handelns gefragt werden muss. Dafür gibt es zwingende Gründe: Erstens sollte jede Profession sich selbst und anderen darüber Rechenschaft ablegen können, was die Gründe, Ziele und möglichen Wirkungen des eigenen Handelns sind. Nur wer sich auf diesen selbstreflexiven Weg begibt, kann eine Professionalität für sich beanspruchen. Es gibt einen weiteren zwingenden Grund: Seelsorgliche Angebote zählen zwar (derzeit) noch nicht als vierte Säule zum Gesundheitswesen, sie sind aber ein Baustein eines Heilungs- und Heilwerdungsprozesses. Wer mit anderen Professionen an diesem Geschehen beteiligt ist, muss erklären können, welchen wesentlichen Teil er dazu beitragen kann.“[184]

3.3 Dokumentation im Dienst der Interprofessionalität

Dokumentation dient im Sinne der Interprofessionalität dem Austausch zwischen den verschiedenen Berufsgruppen. So kommt Kohli Reichenbach auf Dokumentation zu sprechen, wenn sie sich mit der Strukturqualität und einer damit einhergehenden Kooperation mit anderen Berufsgruppen in Anlehnung an das Modell von Donabedian auseinandersetzt. „Die Frage nach der strukturellen Verortung der Seelsorge spitzt sich bei der Dokumentationspraxis zu und ist gegenwärtig Gegenstand kontroverser Diskussionen.“[185] Medizin und Pflege werden in Kenntnis gesetzt über das grundsätzlich stattgefundene Gespräch, aber unter bestimmten Bedingungen auch über Inhalte, die für die weitere Betreuung durch die verschiedenen Berufsgruppen von Bedeutung sein könnten. Durch z. B. einen Eintrag in der Patient*innenakte über einen stattgefundenen Kontakt durch die Seelsorge ist ein erster Schritt hin zu mehr Kooperation dokumentiert, ein höherer Kooperationsgrad erweist eine bessere Qualität.

Auch im Hinblick auf Interprofessionalität spielt Spiritual Care eine zentrale Rolle. „Während die ergebnisorientierte Seelsorge die Stärkung der dadurch bezeichneten Profession im Blick hat, steht Spiritual Care auch für eine Entwicklung, in der die Interprofessionalität großgeschrieben wird.“[186]

184 Fischer 2021, S. 99.
185 Kohli Reichenbach 2018, S. 307.
186 Peng-Keller et al. 2020, S. 16.

Historisch wurde dies schon aufgezeigt. So besteht auch hier ein Zusammenhang mit Spiritual Care und Dokumentation. Sie dient dem Austausch aller am Patienten Tätigen im Sinne eines gemeinsamen Zieles auf der Grundlage einer Anthropologie, die neben der körperlichen und psychischen auch die spirituelle Dimension des Menschen berücksichtigt.

Im deutschsprachigen Raum entwickelt sich besonders im Bereich der Palliative Care eine interprofessionelle Arbeit, und so wie bereits in Medizin und Pflege dokumentiert wurde, wurde dies auch von der Seelsorge übernommen. Im Falle der Palliativversorgung ist die Implementierung von Seelsorge sicher am weitesten entwickelt, sowohl durch Empfehlungen der WHO als auch durch gesetzliche Vorgaben fester Bestandteil der Palliativversorgung und dadurch im Rahmen der palliativen Komplexbehandlung abrechenbar.

3.4 Dokumentation im Dienst der Ergebnisqualität

Bereits bei der Darstellung des Konzeptes von Spiritual Care wurde darauf eingegangen, dass Qualität dort besonders im Sinne einer Ergebnisqualität (outcome oriented chaplaincy) erfolgt. Auch die Dokumentation im Rahmen der CPE diente der Forschung zum Erweis einer Wirksamkeit ihres Konzeptes. Es liegt ein besonderes Augenmerk auf der wissenschaftlichen Begleitung. Dokumentation dient dazu, die Wirksamkeit von Seelsorge zu untersuchen und entsprechend zu verbessern. Damit möchte sie ihre Position in der Zusammenarbeit mit den anderen Akteur*innen im Krankenhaus stärken, da sie sich Qualitätskriterien stellt. „Die ergebnisorientierte Seelsorge geht davon aus, dass sich jegliche seelsorgliche Zuwendung im Rahmen bestimmter Zielsetzungen bewegt und eine patientenzentrierte Seelsorge fortlaufend überprüfen sollte, welche Form der Unterstützung von Patientinnen und Patienten erwünscht wird und was das seelsorgliche Handeln bewirkt."[187]

Im Zuge zunehmender Interdisziplinarität versucht Seelsorge, sich diesen neuen Herausforderungen zu stellen und ihre Wirksamkeit auf wissenschaftlicher Basis, auch im Rahmen von Studien, zu erweisen. Dies ist sicherlich vor dem Hintergrund der hier behandelten Qualität in der Seelsorge eine richtungsweisende Entwicklung. Und auch hier ist Dokumentation die Grundlage dieser Qualität.

187 Ebd. S. 16.

3.5 Dokumentation und weltanschaulich-religiöse Pluralität

„Während die beiden erstgenannten Faktoren mit Entwicklungen innerhalb des Gesundheitswesens zu tun haben, ist der dritte Faktor in einem gesamtgesellschaftlichen Wandel zu suchen, […].“[188] Durch die gesellschaftliche Veränderung hin zu einem Pluralismus, auch in religiösen und spirituellen Fragen, ist Krankenhausseelsorge nicht mehr die exklusive Aufgabe von Priestern der großen Kirchen. So verschiedene spirituelle Bedürfnisse in den Einrichtungen des Gesundheitswesens befriedigt werden sollen, so divers könnten in Zukunft die Angebote sein, auch durch andere Anbieter, die nicht den christlichen Kirchen angehören, aus anderen Religionsgemeinschaften kommen oder sich einer besonderen spirituellen Richtung verpflichtet fühlen. Je mehr dies als allgemeine Notwendigkeit und Aufgabe des Gesundheitssystems anerkannt, etabliert und finanziert wird, desto mehr muss sich die jeweilige Seelsorge auch in ihrem Tun und ihrer Wirksamkeit rechtfertigen. Dokumentation ist hierfür die Grundlage.

3.6 Dokumentation in der Perspektive der Erinnerung

Unabhängig von Überlegungen im Rahmen von Qualität ist Dokumentation auch ein Festhalten der Geschichten von Patientinnen und Patienten. Dies geschieht in der christlichen Kategorie der Erinnerung. Erlittene Schicksale im Krankenhaus werden dokumentiert und spirituelle Bedürftigkeit sichtbar gemacht.[189]

188 Ebd. S. 17.
189 Ebd. Vgl. zu diesem Aspekt von Seelsorgedokumentation: Faber, S. 35–53.

4 Dokumentation und Seelsorgeverschwiegenheit

„In dem herausfordernden Tätigkeitsfeld professioneller Krankenhausseelsorge ist Dokumentation und Verschwiegenheit ein Thema von Praxis- und von Leitungsverantwortung. Es ist ebenfalls ein Thema der Qualitätssicherung und gehört zentral zu den ethischen Standards dieses herausfordernden Berufsfeldes“[190], schreibt Thomas Beelitz zusammenfassend.

Während in den Bereichen von Medizin und Pflege i. d. R. Dokumentation weitestgehend problemlos möglich ist und dabei die für diese Berufsgruppen geltende Verschwiegenheitspflicht mitgedacht ist, wird die Seelsorge in einem ihrer zentralen Wesensmerkmale herausgefordert. Ein Kennzeichen der Seelsorge ist Verschwiegenheit und das Wahren von Geheimnissen. Auf den ersten Blick scheint die Vorgehensweise eine Dokumentation von Seelsorge schwierig bis unmöglich zu machen, so dass seitens der Seelsorge diese Probleme als Argumente gegen Dokumentation genutzt werden oder auch gegen eine Kooperation mit anderen Akteuren im Gesundheitswesen, da dazu Dokumentation notwendig ist. Dabei zeigt sich, dass hier verschiedene Begriffe synonym gebraucht werden bzw. nicht scharf genug voneinander getrennt sind. Gesprochen wird von Beicht- und Seelsorgegeheimnis, aber auch von Seelsorgeverschwiegenheit. Auch gibt es noch zu wenig Vorstellungen und Modelle von Seelsorgedokumentation, die diese Probleme berücksichtigen.

In der Stellungnahme des Health Care Chaplaincy Network (HCCN) „Time To Move Forward“ aus dem Jahr 2016 heißt es: „Die oder der professionell Seelsorgende erkennt die Bedeutsamkeit von Dokumentation und die Erfordernisse organisatorischer und steuernder Richtlinien. Die oder der Seelsorgende implementiert für die Seelsorgedokumentation die besten Standards

190 Beelitz 2019, S. 490.

und dokumentiert damit religiöse, kulturelle, existentielle und soziale Bedürfnisse, Ressourcen und Risikofaktoren der Kliniken sowie notwendige Überweisungen.“[191]

4.1 Beicht- und Seelsorgegeheimnis

Michael Coors zeigt in seinem Beitrag „Seelsorgliche Verschwiegenheit und Dokumentation“ rechtliche Rahmenbedingungen für ein Beicht- und Seelsorgegeheimnis auf.[192] Diese Darstellung ist dadurch erschwert, dass sich die Rechtslage diesbezüglich von Land zu Land unterscheidet, und natürlich unterscheiden sich auch die konfessionellen Kirchenrechte.

Zu unterscheiden sind die vom Staat auferlegten Pflichten bezüglich allgemeiner Regelungen zu Amtsverschwiegenheit und Berufsgeheimnis, wie sie auch für andere Berufsgruppen wie z. B. Ärzt*innen gelten. Daneben gesteht der Staat der Seelsorge ein besonderes Recht auf Verschwiegenheit zu, das seine strengste Form im Beichtgeheimnis findet. Geistliche besitzen im Rahmen der Beichte ein kategorisches Verschwiegenheitsrecht. Daneben existiert noch das Kirchenrecht mit eigenen Pflichten und Rechten zur Verschwiegenheit.[193]

Je mehr sich Seelsorge von einer kirchlichen Beauftragung entfernt, indem sie z. B. direkt vom Krankenhaus beauftragt ist wie etwa in England, umso leichter fällt es, den Rahmen für Dokumentation in der Seelsorge weit zu stecken. Wenn Kirche mit einer Beauftragung und/oder Dienstaufsicht hinter der Seelsorge steht, dann kommt es durch eine Verbindung von Beicht- und Seelsorgegeheimnis zu einer strengeren Auslegung der Verschwiegenheitspflicht.

Daher versucht Coors zunächst einmal, die seelsorgliche Verschwiegenheit vom Beichtgeheimnis zu unterschieden. Es stellt sich die Frage, ob man die Verschwiegenheit der Seelsorge eher den beruflichen Verschwiegenheitspflichten z. B. der Ärztinnen und Ärzte gleichstellen und in Analogie dazu eine Öffnung der Verschwiegenheit im Rahmen einer Teamarbeit im Krankenhaus, wie sie interdisziplinär zwischen verschiedenen Fachrichtungen der Medizin, aber auch in der Zusammenarbeit mit der Pflege nötig ist, zulässig ist. Oder ist die Qualität der Verschwiegenheitspflicht der Seelsorge eine andere?

191 HCCN 2016.
192 Coors 2020, S. 153–176.
193 Ebd. S. 153–154.

Diese Verschwiegenheitspflicht ist im Kontext einer Krankenhausseelsorge besonders herausgefordert. Im Rahmen der Gemeindeseelsorge findet ein Gespräch i. d. R. zwischen zwei Personen, z. B. Pfarrer und Gemeindemitglied statt. Hier gilt die Schweigepflicht. Es sind wenige Situationen vorstellbar, in denen diese Gefahr läuft, verletzt zu werden. Zum Schutz eines höheren Gutes ist es unter Umständen möglich, die Schweigepflicht zu verletzen. Dokumentation kann hier für den Seelsorgenden selbst, z. B. für eine Reflexion erfolgen, oder anonymisiert, z. B. für eine Supervision.

Relevant wird die Frage nach der Verschwiegenheit erst dort, wo Dritte ins Spiel kommen, z. B. in einem Behandlungsteam, beispielsweise auf der Palliativstation. Je stärker die Krankenhausseelsorge die Interprofessionalität sucht – hier sei auf die verschiedenen Seelsorgekonzepte im ersten Teil der Arbeit verwiesen – umso mehr stellt sich die Frage nach Verschwiegenheit der Seelsorge, insbesondere im Rahmen von Dokumentation.

Wenn Seelsorge sich zunehmend im Krankenhaus verortet und sich den Strukturen und dem Streben nach Qualität stellt, gibt es verschieden Anlässe für Dokumentation:

1. Für die allgemeine Erfassung der erbrachten Leistung, auch im Zusammenhang mit Abrechenbarkeit. In der Palliativmedizin gibt es bereits eine Abrechnungsziffer im Rahmen einer Komplexbehandlung für Gespräche, die auch durch die Seelsorge erfolgen können. Seelsorge wird hier also direkt durch die Krankenkassen finanziert. Dafür muss ihre Arbeit, auch ihr zeitlicher Umfang, dokumentiert werden. Eine solche Dokumentation kann durchaus anonymisiert erfolgen und bedingt dadurch kaum Konflikte mit einer Verschwiegenheitspflicht.
2. Dient Seelsorge dem Wohle des/der Kranken und kann dazu mit ihrer Arbeit beitragen, indem sie das Team über Dinge den/die Patienten/Patientin betreffend informiert, wie z. B. noch existierende persönliche Konflikte der Patient*innen, die sie quälen und nach einer Lösung verlangen. Hier ist sicherlich die Bedeutung der Verschwiegenheitspflicht bzw. eine mögliche Verletzung derselben am relevantesten.
3. Seelsorge kann durch Dokumentation ihre Arbeit sichtbar machen, ihre Relevanz aufzeigen und sich und dem Krankenhaus Rechenschaft abgeben. Diese Form einer Dokumentation kann eher wiederum anonymisiert bzw. strukturiert erfasst werden und dadurch nicht mit dem Problem der Verschwiegenheit in Konflikt geraten.

Wie ist nun im Rahmen von Krankenhausseelsorge Geheimhaltung bzw. deren teilweise Aufgabe zu begründen?

4.2 Der Sinn der Verschwiegenheitspflicht in der Krankenhausseelsorge

Coors begründet seelsorglichen Verschwiegenheit soziologisch.[194] Das Geheimnis grenzt den/die Einzelne*n oder eine Gruppe gegen andere ab und konstruiert so auch Individualität, denn das Geheimnis liegt i. d. R. in der eigenen Identität begründet. Ein Geheimnis kann aber auch für eine Beziehung konstitutiv sein, indem zwei Menschen dieses teilen. Andererseits kann das Geheimhalten eine Beziehung auch schützen, indem ein*e Partner*in gerade nichts davon erfährt. Dies gilt besonders für das Geheimhalten von Schuld, im theologischen Sprachgebrauch von Sünde.

Damit ist eine zentrale Funktion von Beichte als einer besonderen Form der Seelsorge benannt. Die Beichte bietet einen Schutzraum mit einer garantierten Verschwiegenheit. Auf diese können sich die Beichtenden absolut verlassen. Ihr Schuldbekenntnis verlässt diesen Ort nicht. Eine Einflussnahme von außen ist nicht möglich. Es besteht die Möglichkeit, das Problem mit dem oder der Seelsorgenden zu besprechen und nach Lösungen zu suchen. Es kann aber auch bei der Offenbarung im Rahmen der Beichte bleiben, ohne dass die Umwelt des/der Betroffenen jemals etwas davon erfährt. Die Entscheidung bleibt bei dem oder der Beichtenden. Die Beichte ist eine Möglichkeit, mit der geheim gehaltenen Schuld in der Gesellschaft weiterzuleben.

Im Grunde genommen gleicht diese moralische Begründung von Geheimhaltung teilweise der von anderen Berufsgeheimnissen. Auch dort bietet die garantierte Schweigepflicht v. a. einen Schutzraum, den ein Geheimnis ohne Zustimmung des/der Betroffenen nicht verlässt. Das Geheimnis der Beichte bildet aber eine Besonderheit den anderen Berufsgeheimissen gegenüber, da im soteriologischen Verständnis der Empfänger der Beichte, des Schuldeingeständnisses, Jesus Christus ist, der dem oder der Beichtenden die Vergebung zusagt. Da allein Jesus Christus der Empfänger des offenbarten Geheimnisses ist, kann der assistierende Seelsorger nicht über dessen Weitergabe z. B. im Rahmen von Dokumentation befinden. Das Geheimnis steht unter göttlichem Schutz. Im theologischen Sinn lässt sich die Beichte als Sakrament mit einer vorgegebenen Form gut abgrenzen. Was in diesem Rahmen offenbart wurde ist tabu und einer Weitergabe an Dritte enthoben. Aber auch wenn nicht explizit um eine Beichte gebeten wird, kann ein seelsorgliches Gespräch der Ort einer Preisgabe von Geheimnissen im Sinne von Schuld und Sünde sein, in der das besondere therapeutische Handeln Christi am anderen zum Tragen kommt. Hier gilt dann eine der Beichte angepasste Geheimhaltungsstufe.

194 Coors 2020, S. 153–176.

Das seelsorgliche Gespräch kennt aber eine von dem Beichtgeheimnis abgestufte Verschwiegenheit. Die Übergänge zu einer allgemeinen Verschwiegenheit entsprechend den Berufsgeheimissen anderer Professionen sind fließend. Das heißt, dass ein seelsorgliches Gespräch den Patient*innen ähnlich dem Gespräch mit dem Arzt/der Ärztin einen Schutzraum eröffnet. Nur so kann überhaupt ein fruchtbares Gespräch mit den Seelsorgenden oder auch mit Ärztinnen und Ärzten zustande kommen. Je weniger in einem solchen Kontext dann Schuldbekenntnisse gemacht werden, je eher ist verhandelbar, ob das Gesagte auch anderen zugänglich gemacht werden darf. „Das mit dem Beichtgeheimnis oft in einem Atemzug genannte oder mitgedachte Seelsorgegeheimnis ist buchstäblich das flexiblere Gefäß. Es hat ein breiteres, ja unbestimmteres Fassungsvermögen als das Beichtgeheimnis, das ja in einen ritualisierten, eng definierten Raum eingeschrieben ist. […] Die Reichweite des Seelsorgegeheimnisses ist aber eine augenfällig größere. Es oszilliert letztlich zwischen spezifischem Beicht- und allgemeinem Berufsgeheimnis und kann recht flexibel beansprucht werden."[195] Sollten dabei Dinge bekannt werden, die für die anderen Berufsgruppen, die mit den Patient*innen tätig sind, von Bedeutung sein könnten, so obliegt es dem/der jeweiligen Professionellen, was er/sie davon für das Wohl des/der Patienten/Patientin den anderen mitteilen möchte. „Diejenigen Aspekte des Gespräches, die nach Ermessen des Seelsorgers oder der Seelsorgerin grundsätzlich dokumentierbar sein könnten, sollten allerdings immer, wenn irgendwie möglich, nur in Rücksprache mit den Betroffenen dokumentiert werden."[196] Aber auch die weitere Geheimhaltung eines von Patient*innen offenbarten Geheimnisses kann zu deren Wohl dienen. Vor diesem differenzierten Hintergrund ist offensichtlich, dass seelsorgliche Dokumentation keine einfache Aufgabe ist und eines Konzeptes und einer entsprechenden Ausbildung bedarf.

Es liegt also in der Hand der Seelsorgenden zu entscheiden, ob Mitteilungen der Patient*innen eher der Geheimhaltung im Rahmen einer Beichte unterliegen oder der Verschwiegenheit des Seelsorgegespräches und damit im Sinne eines allgemeinen Berufsgeheimnisses Inhalte auch an Dritte weitergegeben werden dürfen. „Eine Kultur der Unterscheidung der Geister ist von Nöten."[197]

Eine Entschärfung einer möglichen Verletzung eines Seelsorgegeheimnisses kann recht unkompliziert dadurch vorgenommen werden, dass zum einen eine Anonymisierung des Dokumentierten stattfindet. Das ist ohne Weiteres

---

195 Neuhold 2020, S. 197–198.
196 Coors 2020, S. 174–75.
197 Neuhold 2020, S. 196.

möglich für die eigene Dokumentation, die Dokumentation für intraprofessionelle Gespräche, Supervision oder auch zu wissenschaftlichen Zwecken. Zum anderen sollte bei Absicht einer Dokumentation für Dritte der/die Patient*in vorher um Zustimmung gefragt werden, idealerweise ist diese Zustimmung auch zu dokumentieren.[198]

Die Theologie muss hierzu die wissenschaftlichen Grundlagen eines richtigen Umgangs mit dem Beicht- und Seelsorgegeheimnis schaffen. Dazu sind historische Begründungen[199] genauso relevant wie ethische Überlegungen zum Sinn der Geheimhaltung, aber auch die Niederlegung dieser Erkenntnisse im Kirchenrecht. Und auch die richtige Entscheidung über das, was eher der Beichte zuzuordnen ist und was mehr einem Seelsorgegespräch entspricht und damit auch dokumentierbar ist, kann durch die Wissenschaft z. B. im Rahmen von Kommunikationspastoral erhellt werden.

198 Zu diesen Aspekten bietet auch ein Artikel von Sue Wintz und George Handzo interessante Einsichten. Dieser ist allerdings aus einer US-amerikanischen Situation heraus geschrieben und beurteilt die Schweigepflicht im Kontext eines Teams im Krankenhaus, das gemeinsam einen Behandlungsplan entwirft, in dem auch seelsorgliche Aspekte berücksichtigt werden, im Sinne von Spiritual Care. Wintz/Handzo 2015, S. 160–164.

199 Diesbezüglich bietet der vormals zitierte Beitrag von David Neuhold interessante Darlegungen. Er kann aufzeigen, wie die Beichte erst im zweiten nachchristlichen Jahrtausend ihre jetzige Form entwickelte, angestoßen durch das IV. Laterankonzil. Im Zuge einer Beichtpflicht musste den Gläubigen eine Geheimhaltung zugestanden werden, sonst wären sie der Pflicht wohl nicht nachgekommen. Es zeigt sich, dass heutige Begründungen eines Beichtgeheimnisses nicht unbedingt mit den historischen Entwicklungen übereinstimmen.

5 Formen seelsorglicher Dokumentation

In Deutschland befindet sich die Dokumentation von Krankenhausseelsorge noch am Anfang. Wie nicht anders zu erwarten, gibt es Seelsorgedokumentation noch am ehesten im Rahmen der Palliativ Care und es finden sich ausgereifte Modelle einer Seelsorgedokumentation v. a. im englischsprachigen Raum. Seelsorge findet aber nicht nur oder erst auf der Palliativstation statt. In allen Bereichen und auf allen Stationen ist Seelsorge gefragt. Für Dokumentation heißt das, es muss eine Form gefunden werden, die sich für die verschiedenen Situationen und Bereiche im Krankenhaus eignet.

Mehr als einen Ausblick auf verschiedene Formen der Dokumentation kann die Arbeit hier nicht geben. Aber im Zuge der Bestrebungen, Dokumentation in der Krankenhausseelsorge zu etablieren, gibt es grundsätzliche Überlegungen und auch Dokumentationsmodelle, die als Ausgangspunkt dienen können. Daher soll zum Schluss der Arbeit noch eine kurze Darstellung erfolgen, da Dokumentation im Zuge seelsorglicher Qualität von Anfang an mitgedacht und mitentwickelt werden muss, wenn seelsorgliche Qualität sich nicht nur im Konzeptionellen erschöpfen möchte.

5.1 Die digitale Patientenakte

Die Digitalisierung revolutioniert das Gesundheitssystem. Sämtliche Informationen über Patient*innen werden zentral in strukturierter Form gesammelt und sind an allen Orten im Krankenhaus für alle Zugriffsberechtigten jederzeit verfügbar. Kommunikation geht so schneller, sicherer und ist unabhängig von direkten persönlichen Mitteilungen. Vorteile, die auch für die Dokumentation von Krankenhausseelsorge interessant sind und, sofern sie interdisziplinär arbeiten möchte, unverzichtbar. Überhaupt stellt die Digitalisierung erst die Grundlagen für die hier genannten Anlässe für Dokumentation in einem modernen Gesundheitswesen zur Verfügung.

Bei der Dokumentation von Seelsorge zu Qualitätszwecken gibt es sehr verschiedene Möglichkeiten. Grundsätzlich sollte die digitale Krankenakte als Ort der Dokumentation dienen. So wie jede Abteilung in einem solchen System einen eigenen Bereich hat, kann dort auch die Kategorie Seelsorge auftauchen. In Unterbereichen kann dann z. B. eine Funktion aufgerufen werden, mit der sich auch Quantitatives erfassen lässt. Grundsätzlich kann auch ein Seelsorgegespräch hier mit Datum, Ort und zeitlicher Ausdehnung erfasst werden. Dafür bieten sich sog. Klickboxen an. Dort kann man ein Kreuz in ein kleines Kästchen (Box) mittels Mausklick setzen, z. B. vor dem Begriff Seelsorgedokumentation, dann öffnet sich ein Fenster, in dem die Dauer des Gespräches angegeben wird. Dies kann wiederum durch Anklicken passieren, indem dort Kästchen sind, hinter denen dann eine zeitliche Staffelung angegeben ist: z. B.

☐ 30 min,
☐ 30–45 min,
☐ 45–60 min,
☐ 60–90 min.

An dieser Stelle werden keine Patientendaten erfasst. Es besteht keine Verknüpfung mit den eigentlichen Patientenkurven. Eine statistische Auswertung ist damit möglich. Diese Form der Dokumentation mithilfe von Checkboxen kann aber auch z. T. für die Dokumentation des seelsorglichen Gespräches genutzt werden. Hier sind Formen einer Freitexterfassung denkbar. Thema des Beitrags „Ankreuzen oder erzählen?“ von Pascal Mösli, David Neuhold und Livia Wey-Meier ist, die beschriebenen Formen zu unterscheiden und ihre Vor- und Nachteile aufzuzeigen. Dies geschieht hier unter der Annahme, dass Dokumentation und insbesondere dadurch Interdisziplinarität gewollt sind.[200]

„Es geht um die konkrete Frage, ob sich für die schriftliche Weitergabe von seelsorglichen Informationen eher vorgefasste, standardisierte Sets eignen oder ob freie Textfelder zu bevorzugen sind. Standardisiert sind in einem elektronischen System Checkboxen, die nur angeklickt werden können. Freie Textfelder dagegen können mit beliebigem Text gefüllt werden.“[201]

200 Mösli et al. 2020, S. 127–149.
201 Ebd. S. 127–128.

Nimmt man die Seelsorge und ihre Grundlage, die Theologie, als eine Geisteswissenschaft, so ist dieser das Erfassen narrativer Texte als Dokumentation immanent und im Bereich der Dokumentation für den Eigenbedarf der Seelsorge im Sinne der Reflektion, Intraprofessionalität, Supervision und Ausbildung eine gute Form. Im Sinne der Qualität, Qualitätssicherung im Qualitätsmanagement, die hier im Zentrum stehen, erfüllt dies einen wichtigen Teilaspekt. So kann man ein dokumentiertes Seelsorgegespräch u. a. der Struktur- und teilweise auch der Ergebnisqualität zuordnen. Alleine der Akt des Schreibens stellt schon Qualität dar, da der Verfasser, die Verfasserin sich mit dem Gespräch rückblickend auseinandersetzt. Will man dies im Austausch mit anderen Seelsorgenden nutzen oder in der Ausbildung von z. B. Ehrenamtlichen, gehört im Sinne von Qualität eine gemeinsame Form von Dokumentation dazu. „Zugleich ist die Formulierung von Sätzen mit großen [sic] Herausforderungen bezüglich Qualität verbunden. Es bedarf darum regelmäßiger Schulung und eines intensiven Trainings, will diese Form der Dokumentation intraprofessionell bzw. interprofessionell Sinn ergeben. Denn der Preis der Freiheit zeigt sich in diesem Fall in der Verständlichkeit und Übersetzbarkeit. Wenn Freitexte geeignete Wege der Dokumentation sein sollen, dann müssen diese von anderen verstanden werden.“[202]

Verständlichkeit ist besonders relevant im Austausch mit anderen Berufsgruppen im Rahmen der Dokumentation, da diese eine andere Sprache sprechen als die Seelsorge, etwa die Sprache der Pflege, die Sprache der Medizin, die Sprache der Sozialarbeit, die Sprache der Psychologie. Eine zunehmende Zusammenarbeit zwischen den verschiedenen Akteur*innen im Krankenhaus ist gerade unter dem Aspekt von Qualität schon mehrfach als das Sprechen einer gemeinsamen Sprache herausgestellt worden.

Eine Arbeit mit Checkboxen, in denen angeklickt wird, stellt eine relevante Reduktion seelsorglicher Sprache dar, kann aber der Verständigung zwischen den Berufsgruppen sehr zuträglich sein. Man kann dieser Dokumentationsform von seelsorglicher Seite den Vorwurf einer starken Verkürzung machen, vor dem Hintergrund der Tatsache aber, dass Seelsorgedokumentation insbesondere im interprofessionellen Bereich bisher kaum stattfindet, können solche Checkboxen ein guter und praktikabler Einstieg in eine interprofessionelle Kommunikation überhaupt sein. Ein erster Fortschritt wäre, in der elektronischen Patientenakte grundsätzlich einen Vermerk zu finden, dass ein Seelsorgegespräch stattgefunden hat. Allein diese Information, noch ohne Inhalt, kann ein Gesprächsanlass für Ärzt*innen oder Pflegende sein, die Patient*innen darauf anzusprechen und dadurch die Wahrnehmung

---

202 Ebd. S. 136.

spiritueller Bedürfnisse der Patient*innen durch die verschiedenen Professionen zu zeigen. „So kann auch ein standardisierter Begriff Anlass für ein weiteres Gespräch mit der Patientin bzw. dem Patienten sein. Er kann aber auch schlicht dazu dienen, die Mitglieder des Betreuungsteams zu sensibilisieren für eine menschliche Grunderfahrung dieser im Mittelpunkt stehenden Person. Jedes Betreuungsmitglied kann auf eigene Erfahrungen zurückgreifen und sich aus diesem Erfahrungshorizont heraus die Situation der Patientin oder des Patienten vor Augen halten. Das ermöglicht Teilhabe und dementsprechend angemessenes Verhalten gegenüber der betroffenen Person, gerade auch in Settings von koordinativer Verdichtung, wo sich in enger zeitlicher Taktung jede Profession auf ihre eigenen antrainierten Handlungsmuster verlässt."[203]

Die Bedeutung des zuletzt genannten Aspekts ist schon an anderer Stelle benannt worden. Bei allem Bestreben zur Interprofessionalität muss diese auch leistbar sein. Der Krankenhausalltag ist jetzt schon für alle dort Arbeitenden enorm verdichtet, nicht zuletzt wegen der Dokumentation. Und es steht nicht zu erwarten, dass sich dies in Zeiten von Pflegenotstand verbessert. Es braucht also eine Form der Dokumentation, die realistisch und umsetzbar ist. Kaum eine Schwester oder ein Pfleger oder eine Ärztin oder ein Arzt werden lange Dossiers im Rahmen eine Seelsorgedokumentation lesen und würdigen können. Im Sinne einer Qualität von Ganzheitlichkeit, indem der Mensch mit seinen körperlichen, geistigen, aber auch spirituellen Bedürfnissen wahrgenommen wird, kann eine Form von Dokumentation in Checkboxen ein praktikabler Weg sein.

Diese Form der Dokumentation läuft auch weniger Gefahr, ein Seelsorgegeheimnis zu verletzten, da sich komplexe Sachverhalte kaum im Rahmen von Checkboxen darstellen lassen.

5.2 Checkboxen

In ihrem Artikel stellen Mösli, Neuhold und Wey-Meier ein Projekt zur Entwicklung eines Indikationen-Sets zum Einstieg in die Dokumentation vor. Eine Liste „phänomenologisch orientierter Indikatoren"[204] wurde von Fachleuten der Seelsorge auf wissenschaftlicher Basis zusammengestellt. Mit deren Hilfe sollen Gesundheitsberufe den Seelsorgenden einen Gesprächswunsch anmelden und eine erste Einschätzung des Gesprächsanlasses geben.

203 Ebd. S. 141.
204 Ebd. S. 442.

„So kann beispielsweise das Feststellen emotionaler Kraftlosigkeit des Patienten (benennbarer Grund) und sein Interesse, darüber mit der Seelsorge ins Gespräch kommen zu wollen (Einverständnis), als Indikation für ein seelsorgliches Angebot sein.“[205] Die benannten Indikationen wurden mit den Gesundheitsberufen abgestimmt, sodass diese Einfluss darauf hatten, welche Themen aus ihrer Sicht als Indikatoren wichtig waren bzw. wie sie diese benennen würden, um so einen Abgleich der Sprachlichkeit zu erzielen. Die verschiedenen Gesundheitsberufe können dadurch sensibilisiert werden für religiöse und spirituelle Bedürfnisse und eignen sich so eine Sprache an, um diese in einer ersten Differenzierung zu erfassen. Sie werden in die Lage versetzt, auch diese Dimension des Menschen wahrzunehmen und zu kommunizieren. Es können dann in einer geeigneten Maske des Krankenhausinformationssystem diese Indikationen aufgelistet werden. Durch Anklicken einer oder mehrerer davon kann dann der/die Seelsorgende zu einem Gespräch gebeten werden, mit einer ersten Information über den Anlass.[206] Dies ist ein niederschwelliges Angebot für die Akteur*innen, Seelsorge in einer überschaubaren und vorbereiteten Form zu nutzen, sich damit vertraut zu machen und die Spiritualität von Patient*innen, aber auch die eigene Spiritualität wahrzunehmen. Die Information, dass der Wunsch nach einem seelsorglichen Gespräch besteht, erreicht die Seelsorgenden idealerweise elektronisch, als Meldung in den internen Bereich Seelsorge des Krankenhausinformationssystems, z. B. in einer To-Do-Liste. Eine solches Indikationen-Set kann Ausgangspunkt für weitere Dokumentation sein. Eine Rückmeldung der Seelsorge könnte an derselben Stelle erfolgen. Zunächst ist damit dokumentiert, dass dem spirituellen Bedürfnis des Patienten oder der Patientin nachgekommen wurde. Denkbar ist auch die Möglichkeit, anhand von Checkboxen ggf. weitere Schritte anzukünden, wie erneuter Besuch oder auch die Bitte um ein Gespräch mit z. B. Pflegenden, um differenzierter auf ein Problem eingehen zu können. „Die verschiedenen Informationen wären dann einerseits Grundlage dafür, im interprofessionellen Austausch diese Dimension in den Betreuungsplan einfließen zu lassen und andererseits dafür, bei Bedarf eine Fachperson der Seelsorge in die Betreuung aktiv einzubeziehen. Weil sie Teil des umfassenden Dokumentationssystems wären, würden Checkboxen helfen, dass die spirituelle Dimension im Behandlungsalltag nicht vergessen geht. Sie könnten die Gesundheitsfachleute im Verständnis und in der Sprachfähigkeit über spirituelle Anliegen und Ressourcen unterstützen. Und sie würden die Erinnerung wachhalten, dass Fachpersonen der Seelsorge in die Begleitung einbezogen werden können. So verstanden sind

---

205 Ebd. S. 143.

206 Hier sind verschiedene Indikationsebenen vorgegeben: Ebene Sinn, Ebene Transzendenz, Ebene Identität … Unterkategorien differenzieren dies dann. So gibt es auf der Ebene der Transzendenz die Punkte Ungewissheit und Glaube oder Rückzug und Isolation. Ebd. S. 144.

Checkboxen Hinweisschilder in doppelter Hinsicht: Sie verweisen auf die spirituelle Dimension im Krankheitserleben und auf die Expertise der Seelsorge."[207]

Entscheidend ist bei der hier schematisch dargestellten Entwicklung von Dokumentation die wissenschaftliche Herangehensweise. Die phänomenologisch orientierten Indikatoren wurden auf fachlicher theologischer Basis entwickelt. Sie wurden in Verständnis und Sprache mit den Anwendenden der Gesundheitsberufe beraten und abgestimmt, sodass diese sie auch sinnvoll verwenden können. Im Sinne der Qualität ist dieses System dann auch unter wissenschaftlicher Führung zu überprüfen und weiterzuentwickeln.

Gerade im englischsprachigen Raum finden sich bereits zahlreiche Modelle von Seelsorgedokumentation, i. d. R. erarbeitet im Kontext von Spiritual Care. Eine gute Übersicht findet sich in „Charting Spiritual Care. The Emerging Role of Chaplaincy Records in Global Health Care" von Peng-Keller/Neuhold.[208] Peng-Keller greift in seinem Buch „Seelsorge als spezielle Spiritual Care" ein Modell heraus. Es geht um die Dokumentation klinischer Seelsorge in Québec. In Kanada sind die Kliniken gesetzlich dazu verpflichtet, den spirituellen Bedürfnissen der Patient*innen Rechnung zu tragen. Dazu gehört auch die Dokumentation von Seelsorge. Auch dieses Modell wurde auf wissenschaftlichen Grundlagen entwickelt. So ist die Anthropologie von Michel Fromagets zugrunde gelegt in ihrer Unterscheidung zwischen Körper, Geist, Psyche und Seele.[209] Diese Basis ist hier im weitesten Sinne unter dem Begriff der Spiritual Care zu sehen, der sich die Dokumentationssysteme im englischsprachigen Raum verpflichtet fühlen (siehe Titel des Buches). „Inhaltlich wird sie einerseits [die Dokumentation, Anm. d. Verf.] durch Sinnbezug charakterisiert, der menschliches Leben insgesamt umfasst, andererseits durch Transzendenzerfahrungen, die angesichts von Krankheit, Sterben und Tod bedeutsam sind."[210] Vier Bezugsfelder werden benannt: Signifikante Beziehungen, Werte und Verpflichtungen, Überzeugungen und Praktiken, Hoffnungen. Die Transzendenzerfahrung stellt das organisierende Zentrum dar, um das die vier Bereiche angeordnet sind. Neben dem Kontext des Gespräches werden die vier Bezugsfelder abgefragt im Sinne einer Erhebung von Ressourcen und Nöten. Einer fachlichen Analyse folgen Ergebnisse und Handlungsvorschläge. Sämtliche Dokumentationsschritte erfolgen

207 Ebd. S. 145.

208 Peng-Keller/Neuhold 2020.

209 Diese anthropologische Grundlage ist hier nur beispielhaft. Es geht vielmehr darum, dass für Dokumentation überhaupt eine wissenschaftlich fundierte Grundlage herangezogen wird. Diese Grundlagen bringt Seelsorge im theologischen Kontext sicherlich mit. Sie aber für ein Dokumentationssystem grundzulegen, sich darauf zu einigen und zu verschriftlichen ist hier der entscheidende Punkt.

210 Peng-Keller 2021, S. 179.

hauptsächlich über Checkboxen. Es entsteht eine feste, nachvollziehbare Struktur. Diese ermöglicht im intraprofessionellen Gebrauch eine bessere Verständigung, da alle sich auf diese Form geeinigt haben. Gerade auch in Supervision und Ausbildung kann dies ein Vorteil sein, um sich in einer einheitlichen Sprache verständigen zu können. Natürlich muss ein solche Art der Dokumentation gelernt werden.

5.2 Narrative Seelsorgedokumentation

In diesem Sinne ist auch das Fokusmodell von Vandenhoeck zu verstehen im Artikel „Dokumentation im Dienste der bestmöglichen Spiritual Care".[211] Die Arbeit überzeugt besonders dadurch, dass die Autorin das Modell zunächst durch eigene Erfahrung in den USA kennenlernte, für ihre Arbeit in den Niederlanden weiterentwickelte und dieses auch wissenschaftlich fundiert ist. Als Ausgangspunkt ihrer Überlegungen beschreibt sie eine finanzielle Prüfung aller Dienstleistungen der Klinik, in der sie als Seelsorgerin tätig war, durch ein Beratungsinstitut. Es wurde die Frage nach Effizienz unter wirtschaftlichen Gesichtspunkten gestellt, es drohten Stellenkürzungen. Es ging darum, die Arbeit von Seelsorge darzustellen und ihre Wirksamkeit aufzuzeigen. Sie suchte sich Hilfe in den USA und erlernte ein Modell der Dokumentation seelsorglicher Arbeit, das darauf angelegt ist, eine gemeinsame Sprache zu sprechen. Die so verstandene Seelsorge geschieht unter dem Aspekt einer sog. „outcome oriented chaplaincy".[212] Es soll durch Seelsorge eine Veränderung für den Patienten oder die Patientin herbeigeführt werden. Dies Veränderung wird Differenz genannt und entspricht einem Ergebnis [nicht einem Erfolg, Anm. d. Verf.]. Es ist eine Weiterentwicklung einer reinen Assessment-Dokumentation. Die Seelsorger und Seelsorgerinnen hören zunächst einmal zu. Dabei achten sie besonders auf Bedürfnisse, Hoffnungen und Ressourcen im spirituellen Bereich der Patientinnen oder Patienten. Aus diesen Beobachtungen können Seelsorgende je nach Bedarf Veränderungen für die Patient*innen bewirken. Dies kann eine einfache Reflexion sein, die den Patient*innen ihre schon vorhandenen Ressourcen spiegeln. Es kann eine konkrete Hilfestellung sein, z. B. für ein klärendes Gespräch mit einem Familienangehörigen, es kann ein Gebet oder Segen sein. Die Dokumentation geschieht dabei in einer vereinbarten Sprache, die auch eine Kommunikation mit anderen Berufsgruppen möglich macht, aber dennoch theologisch spirituell grundgelegt ist.

---

211 Vandenhoeck 2020, S. 79–97.

212 Vandenhoeck bezieht sich hier auf das Modell von Lucas VandeCreek: VandeCreek, Lucas. Lucas, Arthur M. (ed). The Discipline for Pastoral Care Giving: Foundation for Outcome Oriented Chaplaincy, in: Journal of Health Care Chaplaincy 10/2 (2001) 1–33 and 11/1 (2001) 1–174.

Nach einem festgelegten Curriculum lernen die Neueinsteiger*innen die Methode zunächst mittels Kontrollkästchen auf einer Checkliste. „Nach jedem Besuch war ich angehalten, eine Checkliste durchzugehen und festzuhalten, welcher der Grund für meinen Besuch bei diesem Patienten war, wie ich weitermachen würde, ob es Empfehlungen für das Team gäbe und ob ich meine Aktivitäten und die Ergebnisse des Besuchs nennen könnte."[213] Zunächst wurde anhand der Checklisten eine Sprache erlernt, indem die gleichen vorgegebenen Begrifflichkeiten immer wieder genutzt wurden. In einer nächsten Stufe wurde dies dann in eine narrative Form überführt. „Der nächste Schritt im Lernprozess in Sachen Dokumentation war die Herausforderung, keine Häkchen mehr zu setzen, sondern narrativ vorzugehen. Im Idealfall empfiehlt das *Modell* eine funktionale narrative Dokumentation. Narrativ, d.h. in ganzen Sätzen, und funktional, d.h. auf der Grundlage des Unterschieds zwischen *wissen müssen* (das, was andere Angehörige der Gesundheitsberufe für die bestmögliche Versorgung wissen sollten) und *Wissenserwerb* (was sich auf den Austausch nicht so wichtiger und oft vertraulicher Informationen bezieht)."[214]

Vandenhoeck übersetzte das in den USA erlernte Modell ins Niederländische und nannte es Fokusmodell. In einem strukturierten Lernprozess wurden Seelsorger*innen auf die Arbeit mit dem Modell vorbereitet. In einer ersten Stufe wählten die Seelsorgenden dann Gruppen von Patient*innen aus und wurden zu Besuchen bei diesen begleitet. Am Patienten oder an der Patientin wurde das Modell mit den Seelsorgenden geübt und die Sprache erlernt. Als zweiter Schritt wurde auf der Basis von Verbatims das Erlernte im Rahmen von Supervision vertieft. Die dritte Stufe bildete dann ein Austausch über die eigenen Erfahrungen mit dem Modell mit anderen Seelsorgenden. „Das Lernprogramm beschleunigte die Integration des Fokusmodells in mehreren Schritten: 1) die Fähigkeit, die spirituellen Bedürfnisse, Hoffnungen und Ressourcen der Patientinnen und Patienten zu beurteilen; 2) die Fertigkeit, entsprechend zu handeln, d. h. das Ausrichten von Maßnahmen [sic] auf die Bedürfnisse, Hoffnungen und Ressourcen der Patientinnen oder Patienten; 3) die Fertigkeit, den Beitrag und die Wirkungen der Krankenhausseelsorge zu erfassen und zu kommunizieren; 4) die Kompetenz, auf einer Metaebene über konkrete Patientengruppen nachzudenken: […]."[215]

---

213 Vandenhoeck 2020, S. 82.
214 Ebd. S. 83–84.
215 Ebd. S. 87: Mit den konkreten Patientengruppen verbindet sich die Vorstellung, dass sich spezifische spirituelle Bedürfnisse bei gleichen Krankheitsbildern häufen.

Vandenhoeck hält eine wissenschaftlich-theologische Diskussion und Anbindung solcher Modelle für notwendig, die diese grundlegt, überprüft und anpasst. Als Beispiel für einen solchen theologischen Diskurs nennt sie das hier auch schon vorgestellte Modell einer Seelsorgedokumentation in Québec. Dabei stellt sie abschließend fest: „Trotz der beiden oben angeführten Beispiele [das Modell aus Québec und das eigene Modell von Vandenhoeck, Anm. d. Verf.] und vieler anderer, die wir hier nicht darstellen können, fehlt es in Bezug auf das Thema Dokumentation derzeit an theologischer Reflexion und Forschung."[216]

Dieser letzte Punkt knüpft an das hier schon mehrfach Gesagte an, dass Qualität von Seelsorge, hier herbeigeführt durch Dokumentation, eine wissenschaftliche Anbindung braucht.

Gerade in der Auseinandersetzung verschiedener Ansichten zu Qualität und Dokumentation kann eine wissenschaftliche Grundlage hilfreich oder auch entscheidend sein. Die bei Vandenhoeck genannten Ergebnisse eines Seelsorgegespräches (Outcomes) werden vielfach kritisch gesehen, weil aus anderer Perspektive Ergebnisse von Seelsorge nicht erfassbar sind. Es ist dabei hilfreich, dass für den Begriff der Ergebnisse im vorgestellten Modell, an dem auch Vandenhoeck gelernt hat, statt von Ergebnissen von Unterschieden vor und nach dem Gespräch die Rede ist. Dennoch sieht sich eine so verstandene Seelsorgedokumentation dem Vorwurf einer Erfolgsorientierung ausgesetzt, wie sie scheinbar auch dem medizinischen Tun zugrunde liegt. Wenn eine Dokumentation mit einer vereinheitlichten Begrifflichkeit arbeitet, scheint dies der behaupteten Unstrukturiertheit von Seelsorgegesprächen diametral entgegenzustehen. Wissenschaftlich wäre zu klären, ob auch im Unstrukturierten Muster wiederkehren, die eine solche Dokumentation rechtfertigen.

---

216 Ebd. S. 92.

6 Zusammenfassung Teil III

Die hier schematisch vorgestellten Modelle können nur eine Anregung sein auf dem Weg, Dokumentation in der Seelsorge zu implementieren. Dabei sollte sich Seelsorge nicht davon irritieren lassen, dass die meisten dieser Modelle und ein Teil der relevanten Forschung aus dem Bereich Spiritual Care kommen. Dies kann, auch wenn man dem Weg der Spiritual Care nicht folgen möchte, immerhin als Anregung und Vorlage dienen. Entscheidend ist eine wissenschaftliche Entwicklung solcher Modelle mithilfe von Theologie, Psychologie, Kommunikationswissenschaften etc. So würde auch im Hinblick auf Dokumentation eine Kommunikation auf Augenhöhe mit den anderen Professionen im Krankenhaus hergestellt, die sich ebenfalls einer wissenschaftlichen Auseinandersetzung stellen.

Unabhängig davon zeigt sich, dass sehr verschiedene Formen von seelsorglicher Dokumentation denkbar sind. Checkboxen und Freitexte stellen dabei die Extremvarianten dar. Natürlich sind auch Kombinationen von beiden möglich und wahrscheinlich auch sinnvoll.

Für den Kontext der vorliegenden Arbeit ist zunächst einmal entscheidend, dass Dokumentation ein Werkzeug von Qualität ist. Erst durch Dokumentation sind Qualitätssicherung und Qualitätsmanagement möglich. Dabei wird Dokumentation zum Gefäß von Qualität im Sinne von Intra- und Interprofessionalität, von Selbstreflexion und Kommunikation als zentrale Orte von Qualität.

7 Ausblick

Es zeigt sich, dass die Herausforderungen der Zukunft, denen sich die Krankenhausseelsorge stellen muss, gewaltig sind. Im Zentrum steht dabei die schon seit Längerem laufende Neuausrichtung des Gesundheitssystems. Es herrscht ein Primat der Ökonomie, dem alles andere weitestgehend untergeordnet ist. Die Auswirkungen sind v. a. für die Mitarbeiter*innen vor Ort in den Krankenhäusern zu spüren.

Die Verdichtung der Arbeit führt dazu, dass insbesondere im pflegerischen Sektor eine relevante Abwanderung von Arbeitskräften stattfindet, sodass sich für die verbliebenen Mitarbeiter*innen die Situation noch einmal verschärft. Besonders betroffen ist davon der Kern des Selbstverständnisses von Heilberufen, nämlich mit und für die Menschen zu arbeiten, zu deren Wohl, sei es zur Heilung, zur Linderung von Leid oder in der Begleitung in Sterben und Tod. Die Zeit, die dafür notwendig ist, wird den Tätigen nicht mehr zugestanden.

Im Erleben von Kontingenz mit den Patient*innen sieht auch Krankenhausseelsorge eine ihrer Kernaufgaben. Für Seelsorge stellt sich die Frage, ob sie sich auf diese Kernaufgabe konzentriert oder ob sie weitere Aufgaben im Krankenhaus übernimmt. Dies ist durchaus von Klinikleitungen gewünscht. Man traut der Seelsorge hier besondere Kompetenzen zu, in der Schaffung eines guten Klimas im Haus, in der Mitwirkung bei der Corporate Identity. Aber auch Aufgaben, die sich schlüssig aus ihrer Kompetenz ergeben, soll sie übernehmen, so die Teilnahme an ethischen Konferenzen oder die religiöse, weltanschauliche Lehre für Auszubildende.

Vonseiten der Spiritual Care ist Seelsorge besonders herausgefordert. Dieser geht es vor allen Dingen um Interprofessionalität auf der Grundlage eines Menschenbildes, das neben der körperlichen auch die geistlich-spirituelle Ebene als gleichberechtigt sieht. Dieser spirituellen Ebene soll routinemäßig Beachtung geschenkt werden.

Weitere Anfragen an die Krankenhausseelsorge ergeben sich aus einer zunehmend pluralistischen Gesellschaft auch in religiöser und spiritueller Hinsicht, die sich so auch in den Kliniken wiederfindet, aber auch aus den nachlassenden finanziellen und personellen Ressourcen der Kirchen selbst.

So herausfordernd diese Situation für die Krankenhausseelsorge ist, so vielfältig sind die Lösungsvorschläge. Mit dem Ziel, das Kerngeschäft einer Kontingenzbewältigung zu schützen, verzichten manche Modelle der Krankenhausseelsorge weitestgehend auf eine Integration ins Krankenhaus und gehen das Risiko ein, marginal und unerkannt zu bleiben. Andere dagegen greifen die neuen Möglichkeiten begeistert auf und entwickeln umfangreiche Seelsorgekonzepte mit einem erheblichen Bedeutungszuwachs der Krankenhausseelsorge in der Klinik, um den Preis, ein christliches Proprium aus den Augen zu verlieren. Nüchternere Betrachtungsweisen sehen eine Chance in einer stärkeren Einbindung der Seelsorge im Krankenhaus und empfehlen eine Integration mit Augenmaß. Die Chancen für die Seelsorge sehen sie darin, deren Qualität zum Wohle der Patient*innen zu verbessern.

Der Begriff der Qualität kommt grundsätzlich dann ins Spiel, wenn Seelsorge den Kontakt mit den anderen Akteur*innen im System sucht. Diese Anderen sind die Arbeit mit Qualitätsmanagement seit Jahren gewohnt und setzten diese routiniert um. Alleine schon, um als Partner im System erkannt zu werden, ist eine Qualität von Seelsorge wünschenswert. Man spricht eine gemeinsame Sprache und befindet sich auf Augenhöhe. Hier steht auch die Interprofessionalität im Mittelpunkt. Qualitätsmanagement kann aber auch der eigenen Professionalität dienen, indem im Sinne der Intraprofessionalität von Fort-und Weiterbildung sowie Supervision Qualitätsmanagement betrieben wird.

Ein zentrales Problem stellt dabei die Frage dar, inwieweit sich die Qualität von Seelsorge überhaupt bestimmen lässt. Qualitäten eines Gespräches, also der zentralen Tätigkeit von Krankenhausseelsorger*innen sind schwer zu erfassen. Begriffe wie Empathie, Wertschätzung, Freiraum für die Gesprächspartner*innen, Toleranz sind kaum messbar. Überhaupt nicht erfassbar sind Situationen von Transzendenz. Die weichen Faktoren eines Gespräches sind aber auch im medizinischen Bereich schwer zu erheben. Auch dort, im ärztlichen Gespräch, ist Qualitätsmanagement mit dem Erweis von Qualität sehr zurückhaltend. Dies sollte Seelsorge wahrnehmen und die eigenen Maßstäbe in Bezug auf Qualitätsmanagement mit Augenmaß setzen. Gerade deshalb ist dies aber auch der Ort von wissenschaftlicher Untersuchung von Seelsorgequalität, auch im Sinne eines Outcomes, also einer Frage nach dem Ergebnis der Seelsorge. Bewusst sollte auf den Begriff Erfolg verzichtet werden. Ein guter Ansatz für die Erfassung von Seelsorgequalität ist die Bestimmung eines Unterschiedes für die Patient*innen vor und nach einem seelsorglichen Gespräch. Spiritual Care betreibt Forschung, um ihre Wirksamkeit, ihre Bedeutung nachzuweisen, auch im Kanon der anderen Akteur*innen. Dass dieses im Bereich der Palliative Care geschieht, überrascht nicht, da hier die Medizin zurücktritt. Aber auch in den anderen Abteilungen des Krankenhauses, die genauso Orte von Kontingenz und dann auch Seelsorge sein können, kann und darf nach den Ergebnissen von Seelsorge gefragt werden. Hier kann gut gemachte wissenschaftliche Arbeit hilfreich sein, auch wenn sie nachweist, dass alte, liebgewonnene Annahmen ihre Gültigkeit verlieren.

Das Instrument, mit dem Qualitätsmanagement betrieben wird, auch im Sinne von wissenschaftlicher Untersuchung, ist die Dokumentation. Verschiedenste Formen bieten sich hier an. Auch zur Untersuchung der Dokumentationsformen sollten wissenschaftliche Methoden genutzt werden. Nur wenn dokumentiert wird, kann Qualität gesichert werden.

Die Ursituation von Krankenhausseelsorge ist die Erfahrung von Sterben und Tod. Kontingenz erleben die betroffenen Patient*innen, aber auch die sie Begleitenden. Die Sprachlosigkeit auf beiden Seiten kann von der Seelsorge begleitet werden. Bei einer etablierten Zusammenarbeit der Seelsorge mit den anderen Akteur*innen ist das Wahrnehmen von Spiritualität und Religiosität kein Zufall. Es kann eine Sensibilität geschaffen werden, in der Krankenhausseelsorge zur Selbstverständlichkeit wird. Außerdem kommen dann auch die Spiritualität und Religiosität der Mitarbeiter*innen in den Blick. Hier kann Seelsorge ebenfalls hilfreiche Angebote machen, um die Mitarbeiter*innen bei der Bewältigung ihrer täglichen Arbeit zu unterstützen und vor Erschöpfung zu bewahren.

Das Aushalten der Kontingenz, das Zulassen von Sprachlosigkeit, von Verzweiflung, ist ein besonderes Angebot der Seelsorge. Bis zu diesem Zeitpunkt erfahren Patient*innen oft eine um keine Antwort verlegene Medizin, der es zunehmend schwerfällt, die Grenzen ihres Tuns anzuerkennen. Den Gegenentwurf, den Krankenhausseelsorge zum rechten Zeitpunkt anbietet, darf man trotzdem, obwohl er nicht der Kategorie des Erfolges der Medizin entspricht, als eine Güte der Seelsorge bezeichnen, als eine besondere Form von Qualität.

Ulrich Körtner spricht davon, „(…) die eigene Endlichkeit, d. h. aber auch die Endlichkeit der Heilkunst zu aktzepriern (…)".[217] Krankenhausseelsorge kann dieses Bewusstsein wachhalten oder bei Bedarf in Erinnerung rufen. Sie eröffnet der Medizin einen Weg, der gangbar bleibt, auch wenn diese selbst an ihr Ende kommt. Es steht zu erwarten, dass in Zeiten knapper werdender Ressourcen, materiell wie personell, schmerzhafte Diskussionen über das Machbare, aber besonders über das Bezahlbare gesellschaftlich geführt werden müssen, wenn Gerechtigkeit weiterhin ein Ziel einer Gesundheitsversorgung bleiben soll. Gerechtigkeit ist eine Grundkompetenz christlicher Seelsorge, die sie auch im prophetischen Sinne in diese Diskussionen einbringen kann.

Spätestens an diesem Punkt aber ist Qualität nicht mehr messbar. Denn die Sprachlosigkeit, das Schuldigbleiben einer Antwort, das Aushalten dieser Situation, vielleicht auch das Annehmen, ist dem christlichen Proprium der Krankenhausseelsorge geschuldet: das angekündigte Reich Gottes. Dieses zugesagte Reich Gottes bringt einen weiteren nicht messbaren Faktor in die Krankenhausseelsorge ein, Vertrauen. „Vertrauen ist, wenn man so will, immer auch eine Glaubenssache."[218] Dieses Vertrauen erwächst nicht aus dem Qualitätsmanagement. Selbst wenn Qualität flankierend das Vertrauen in ein System, in Ärztinnen und Ärzte oder Pflegende oder Seelsorgende stärkt, kann es dieses Vertrauen nicht aus sich heraus herstellen. Dieses Vertrauen als letzter Grund liegt vor der Qualität. Dieses Vertrauen macht die Beziehung zwischen Ärzt*innen und Patient*innen, Pflegenden und Patient*innen sowie der Seelsorge und Patient*innen im Kern aus und ist die Grundlage eines Gelingens dieser Beziehung. Die Aufgabe von Seelsorge ist es, diesen letzten Grund bekannt zu machen oder dort an ihn zu erinnern, wo er in Vergessenheit geraten ist. Es ist in Zeiten eines dramatischen Bedeutungsverlustes der Kirchen und einer Distanzierung der Menschen von den Kirchen, aber auch vom Glauben, dennoch damit zu rechnen, dass zukünftig Patient*innen in der Situation von Sterben und Tod sich dieses Grundes wieder erinnern. Dann sollte Seelsorge da sein.

---

217 Körtner 2014, S 354.
218 Ebd. 355.

Die Themen Endlichkeit und Vertrauen gehören in das Zentrum seelsorglichen Handelns im Krankenhaus. Beide Begriffe markieren eine Grenze von Qualität. Qualität ist nicht der Ursprung von Vertrauen und Qualität definiert auch nicht die Endlichkeit.

Seelsorge bietet mit der Botschaft vom Reich Gottes den Grund des Vertrauens auch über die Endlichkeit hinaus. Die in der Arbeit an verschiedenen Stellen dargestellte Sichtweise einer Unmöglichkeit von Qualität in der Seelsorge findet hier ihre Entsprechung. Seelsorge sollte sich der Qualität, der Qualitätssicherung und dem Qualitätsmanagement stellen und sich daran beteiligen. Der Kern ihrer Botschaft wird sie davor bewahren, Qualitätsmanagement um seiner selbst Willen zu betreiben und sie in die Lage versetzen, die dem Qualitätsmanagement inneliegenden Chancen und Grenzen wahrzunehmen und Dokumentation und Qualitätsmanagement zum Wohle der Patient*innen und Mitarbeitenden im System Krankenhaus zu nutzen.

Literatur

Beelitz, Thomas (2019): Trostspuren – Dokumentation und Verschwiegenheit in der professionellen Seelsorge im Krankenhaus, in: Roser, Traugott (Hg.): Handbuch der Krankenhausseelsorge. 5. Aufl. Göttingen, S. 487–49.

Coors, Michael (2020): Seelsorgliche Verschwiegenheitspflicht und Dokumentation. Theologisch-ethische Annäherung an eine Professionsethik der Seelsorge, in: Peng-Keller, Simon/Neuhold, David/Kunz, Ralph/Schmitt, Hanspeter (Hg.) (2020): Dokumentation als seelsorgliche Aufgabe. Elektronische Patientendossiers im Kontext von Spiritual Care. Zürich, S. 153–176.

De Meo, Francesco (2019): Seelsorge im Krankenhaus – ein Statement, in: Roser, Traugott (Hg.): Handbuch der Krankenhausseelsorge. 5. Aufl. Göttingen, S. 116–119.

Donabedian, Avedis (1966): Evaluating the quality of medical care. Milbank Mem Fund Q 44(3 Suppl): 166–206. In: P. Hensen (2019): Qualitätsmanagement im Gesundheitswesen. Grundlage für Studium und Praxis. 2. Aufl. Wiesbaden, S. 32–35.

Emlein, Günther. Seelsorge als systemische Praxis. Grundlage für eine systemische Konzeption von Seelsorge, in: WzM 53 (2001), S. 158–178

Faber, Eva-Maria (2020): Ins „Buch des Lebens“ geschrieben. Spitalseelsorgliche Begleitung von Identitätsarbeit in Krankheitssituationen und Chancen und Grenzen ihrer Dokumentation, in: Peng-Keller, Simon/Neuhold, David/Kunz, Ralph/Schmitt, Hanspeter (Hg.): Dokumentation als seelsorgliche Aufgabe. Elektronische Patientendossiers im Kontext von Spiritual Care. Zürich, S. 35–53.

Fischer, Michael (2019): Seelsorge in einem konfessionellen Krankenhaus – das Ganze ins Spiel bringen. In: Roser, Traugott (Hg.): Handbuch der Krankenhausseelsorge. 5. Aufl. Göttingen, S. 104–115.

Fischer, Michael (2021): Zukunft der Seelsorge im Gesundheitswesen. Zum Verständnis einer dynamischen Professionalität. Würzburg.

Fischer, Michael (2010). Spezifisch christliches Qualitätsprofil? Das christliche Gütesigel proCum Cert im Spiegel des konfessionellen Selbstverständnisses. In: Wege zum Menschen 62 (2010), S. 164–175.

Fischer, Michael (2017): Die Qualität Konfessioneller Krankenhäuser. In: Heimbach-Steins, Marianne/Schüller, Thomas/Wolf, Judith. (Hg.): Katholische Krankenhäuser - Herausgeforderte Identität. Paderborn, S. 106–129.

Fischer Michael (2004): Seelsorge mit Brief und Siegel. Kann man Krankenhausseelsorge zertifizieren? In: Krankendienst 12/2004. S. 383–391.

Große, Caroline (2021): Patientenorientierung im Qualitätsmanagement im Gesundheitswesen. Theoretische Grundlagen, gesetzliche Regelungen und eine sektorübergreifende qualitative Studie. Wiesbaden.

Haart, Dorothee (2019): Die Rolle der Seelsorge im Wirtschaftsunternehmen Krankenhaus. In: Roser, Traugott (Hg.): Handbuch der Krankenhausseelsorge. 5. Aufl. Göttingen, S. 92–103.

Hemmerle, K. (1977): Grenzgänger der Transzendenz – eine Zielgruppe der Pastoral. In: Bertsch, L./Rentmeister, K.-H. (Hg.): Zielgruppen. Brennpunkte kirchlichen Lebens. Karl Delahaya zum 65. Geburtstag. Frankfurt/M., S. 141–154.

Hensen Peter (2019): Qualitätsmanagement im Gesundheitswesen. Grundlage für Studium und Praxis 2. Aufl. Wiesbaden, S. 29–31.

Jäger, Alfred (2001): Seelsorge als Management-Funktion im konfessionellen Krankenhaus. Vortrag an der Fachtagung „Seelsorge im Konfessionellen Krankenhaus". Seelsorgeinstitut an der Kirchlichen Hochschule Bethel und Deutscher Evangelischer Krankenhausverband, in Wort und Dienst. Jahrbuch d. Kirchlichen Hochschule Bethel. Band 26. Berlin, S. 367–378.

Karle, Isolde (2010): Perspektiven der Krankenhausseelsorge. Eine Auseinandersetzung mit dem Konzept der Spiritual Care. In: Wege zum Menschen, 62 (2010), S. 537–556.

Klessmann, Michael (2010): Seelsorge. Begleitung, Begegnung, Lebensdeutung im Horizont des christlichen Glaubens. Ein Lehrbuch. 3. Aufl. Neuenkirchen-Vluyn.

Klessmann, Michael (2019): Die Fremdheit und Widerständigkeit der Seelsorge im Krankenhaus, in Roser, Traugott. (Hg.): Handbuch der Krankenhausseelsorge. 5. Aufl. Göttingen, S. 391–401.

Klemann, Michael (2019). Von der Krankenseesorge zur Krankenhausseelsorge – historische Streiflichter in: Roser, Traugott. (Hg.): Handbuch der Krankenhausseelsorge. 5. Aufl. Göttingen S. 34–41.

Klessmann Michael (2009): Qualität in Seelsorge und Beratung. In: Wege zum Menschen, 61 (2009), S. 119–132.

Klessmann Michael (2002): Qualitätsmerkmale in der Seelsorge oder: Was wirkt in der Seelsorge? In: Wege zum Menschen, 54 (2002), S. 144–154.

Körtner, Ulrich (2014): Spiritualität und Medizin: Überlegungen zu ihrem Verhältins aus theologischer und medizinischer Sicht. Theologische Zeitschrift, 70 (2014) S. 337–357.

Kohli Reichenbach, Claudia (2018). Krankenhausseelsorge im Fokus der Qualitätssicherung. In: Wege zum Menschen, 70 (2018), S. 299–313.

Luhmann, Niklas (1986/1990): Ökologische Kommunikation. Kann die moderne Gesellschaft sich auf ökologische Gefährdungen einstellen? Opladen.

Mehler, Bernd (2002): Seelsorge nach EN ISO 9000? Herausforderungen des Qualitätsmanagements an die Seelsorge, in: Wege zum Menschen, 54 (2002), S. 416–424.

Mösli, Pascal/Neuhold, David/Wey-Meier, Livia (2020): Ankreuzen oder erzählen? Ein Plädoyer für Checkboxen in der klinischen Seelsorge, in: Peng-Keller, Simon/Neuhold, David/Kunz, Ralph/Schmitt, Hanspeter (Hg.): Dokumentation als seelsorgliche Aufgabe. Elektronische Patientendossiers im Kontext von Spiritual Care. Zürich, S. 127–149.

Nelius, Gaby/Städtler-Mach, Barbara (2002): Qualitätssicherung in der Krankenhausseelsorge- Chancen und Risiken. In: Wege zum Menschen, 54 (2002), S. 402–412.

Neuhold, David (2020): Seelsorgegeheimnis und Beichtgeheimnis. Historische Perspektiven, gegenwärtige Überlegungen. In: Peng-Keller, Simon/Neuhold, David/Kunz, Ralph/Schmitt, Hanspeter (Hg.): Dokumentation als seelsorgliche Aufgabe. Elektronische Patientendossiers im Kontext von Spiritual Care. Zürich, S. 177–199.

Peng-Keller, Simon/Neuhold, David (2020) (Hg.): Charting Spiritual Care. The Emerging Role of Chaplaincy Records in Global Health Care. Cham. DOI: 10.1007/978-3-030-47070-8.

Peng-Keller, Simon (2017): Spiritual Care und klinische Seelsorge im Horizont globaler Gesundheitspolitik. In: Hagen, Thomas/Groß, Norbert/Jacobs, Wolfgang/Seidel, Christoph (Hg.): Chancen und Herausforderung. Seelsorge im Krankenhaus und Gesundheitswesen. Auftrag – Vernetzung – Perspektiven. Freiburg i. Br.

Peng-Keller, Simon (2021): Klinikseelsorge als spezialisierte Spiritual Care. Göttingen.

Peng-Keller, Simon/Neuhold, David/Kunz, Ralph/Schnitt, Hanspeter (Hg.) (2020): Dokumentation als seelsorgliche Aufgabe. Elektronische Patientendossiers im Kontext von Spiritual Care. Zürich.

Roser, Traugott (2017): Spiritual Care. Der Beitrag von Seelsorge zum Gesundheitswesen. Münchener Reihe Palliative Care. 2. akt. u. erw. Ausg. Stuttgart.

Roser, Traugott (2009): Vierte Säule im Gesundheitswesen? Dienstleistungen der Seelsorge im Kontext des Sterbens. In: Günter, Thomas/Karle, Isolde (Hg.): Krankheitsdeutung in der postsäkularen Gesellschaft. Theologische Ansätze im interdisziplinären Gespräch. Stuttgart. [Traugott Roser hat den Titel seiner Arbeit einem Aufsatzband entnommen: Schneider-Harpprecht, C/Alwin, S. (Hg.) (2005): Psychosoziale Dienste und Seelsorge im Krankenhaus. Eine neue Perspektive der Alltagsethik. Göttingen.

Rutkowsky Frank/Schubert von, Hartwig (2008): Zur Zukunft kirchlicher Seelsorge in gesellschaftlichen Institutionen. Eine kritische Auseinandersetzung des EKD-Impulspapiers „Kirche der Freiheit“. In: Wege zum Menschen, 60 (2008), S. 449 ff.

Ruprecht, Thomas M. (1993): Von der Qualitätssicherung zum Qualitätsmanagement. Entwicklungen in der vertragsärztlichen Versorgung. Zeitschrift für Allgemeinmedizin, 69 (33). S. 964. Zit. n. Große, Caroline (2021): Patient*innenenorientierung im Qualitätsmanagement im Gesundheitswesen. Theoretische Grundlagen, gesetzliche Regelungen und eine sektorübergreifende qualitative Studie. Gesundheitsmanagement und Gesundheitsökonomie. Diss. Universität Leipzig, S. 55.

Schneider-Harpprecht, Christoph (2002): Das Profil der Seelsorge im Unternehmen Krankenhaus. In: Wege zum Menschen, 54, (2002) S. 424–438.

Simon, Michael (2021): Das Gesundheitssystem in Deutschland. 7. Aufl. Bern.

St. Franziskus-Hospital Münster (2022): Seelsorgekonzept.

Universitätsklinik Münster (2021): Konzept zur Qualitätssicherung. Angebote der katholischen Klinikseelsorge am UKM.

VandeCreek, Lucas. Lucas, Arthur M. (Hg.) (2001). The Discipline for Pastoral Care Giving: Foundation for Outcome Oriented Chaplaincy. In: Journal of Health Care Chaplaincy 10/2 1-33, (2001) and 11/1 (2001) 1–174;

Vandenhoeck, Anne (2020): Dokumentation im Dienste der bestmöglichen Spiritual Care. In: Peng-Keller, Simon/Neuhold, David/Kunz, Ralph/Schmitt, Hanspeter (Hg.): Dokumentation als seelsorgliche Aufgabe. Elektronische Patientendossiers im Kontext von Spiritual Care. Zürich, S. 79–97.

Vandenhoeck, A./Verhoef, J./Nuzum, D./Mösli, P./Neuhold, D./Peng-Keller, S./Roser, T./Ross, L./Smeets, W./Snowden, A./McSherry, W. … (2022): Charting by Chaplains in Healthcare: White Paper of the European Research Institute for Chaplains in HealthCare (ERICH). *Health and Social Care Chaplaincy, 10*(1), S. 50–77. DOI: 10.1558/hscc.20583.

Visher, G. (2001): Wege zur Konzentration kirchlicher Arbeitsfelder in der Badischen Landeskirche, Referat vor der Landessynode der Evangelischen Kirche in Baden 26.4.2001 in Bad Herrenalb. Zitiert nach Schneider-Harpprecht a.a.O.

Wintz, Sue/Handzo, Goerge (2015): Dokumentation und Verschwiegenheit in der professionellen Seelsorge. In: Wege zum Menschen, 67 (2015), S. 160–164.

Wortmann Hartmut/Jarck Thomas./Mummenhoff Ulrike (Hg.) (2010): Qualitätshandbuch zur Krankenhausseelsorge. Ein Werkbuch. Göttingen.

Internetquellen

AWMF online (o. J.): Aktuelle Leitlinien, https://register.awmf.org/de/leitlinien/aktuelle-leitlinien (Abruf 7.9.2023).

AWMF online (o. J.): Leitlinie Palliativmedizin: www.awmf.org/uploads/tx_szleitlinien/128-001OLk_S3_Palliativmedizin_2021-03.pdf (Abruf 14.08.2022).

Bundesamt Statistisches (2023): Destatis, www.destatis.de/DE/Themen/Gesellschaft-Umwelt/Gesundheit/Krankenhaeuser/_inhalt.html (Abruf 20.11.2023).

Bundesgesundheitsministerium (2023): www.bundesgesundheitsministerium.de/qualitaet-krankenhausversorgung (Abruf 20.11.2023).

Deutsche Bischofskonferenz (1998): Die Sorge der Kirche um die Kranken, Seelsorge im Krankenhaus, Pastorale Handreichung, Zu einigen aktuellen Fragen des Sakramentes der Krankensalbung, 20. April 1998. www.dbk.de>fileadmin>redaktion>veroeffentlichungen>deutsche-bischoefe>DB60.PDF

Deutscher Ethikrat (2016): Patient*innenwohl als ethischer Maßstab für das Krankenhaus. Stellungnahme. 5. April 2016. www.ethikrat.org/fileadmin/Publikationen/Stellungnahmen/deutsch/stellungnahme-patientenwohl-als-ethischer-massstab-fuer-das-krankenhaus.pdf (Abruf 20.11.2023).

DIN ISO 9000:2015 www.din.de/de/wdc-beuth:din21:235671064 (Abruf 20.11.2023).

Flintrop Jens. Auswirkungen der DRG-Einführung: Die ökonomische Logik wird zum Maß der Dinge. THEMEN DER ZEIT. www.aerzteblatt.de/pdf.asp?id=53507 (Abruf: 18.09.2023).

Frick, Eckhard, SJ (2014): Spiritual Care – zu einer unterschätzten Dimension ärztlichen Handelns. S. 26. www.hfph.de/hochschule/lehrende/prof-dr-med-eckhard-frick-sj/spiritual-care/frick_paderborn.pdf (Abruf 8.8.2023).

Gabler Wirtschaftslexikon online: Definition Qualität.. Springer Wiesbaden. https://wirtschaftslexikon.gabler.de/search/content?keys=Qualität&sort_by=search_api_relevance&sort_order=DESC (Abruf 14.08.2022).

HealthCare Chaplaincy Netwerk 2016, Es ist an der Zeit, einen Schritt vorwärts zu machen, www.evangelische-krankenhausseelsorge-bayern.de/files/dokumente/Time_to_Move_Forward_deutsch.pdf (Abruf 14.08.2022).

The European Network of Healthcare Chaplaincy. Statement – Healthcare Chaplaincy in the Midst of Transition hhtp://enhcc.eu/2014_salbzurg_statement_deutsch.pdf (Abruf 14.8.2022).

Der Autor

Uwe Hemmers, Dr. med., Internist, Facharzt für Innere Medizin (Pneumologie), Kath. Theologe (Dipl.), seit 2007 tätig und zuständig für QM in Pneumologischer Gemeinschaftspraxis Münster, seit 2012 Stellv. Leiter Department Pneumologie im St. Franziskushospital Münster.

Werteorientierte Führungskultur

Das Buch wendet sich an Führungskräfte und Personen, denen die konkrete Umsetzung einer Führungs- und Unternehmenskultur ein Anliegen ist. Der Autor vermittelt sein Wissen und seine Erfahrungen, die er sich während seiner langjährigen Tätigkeit als Berater, als Leiter des Zentralbereiches Wertemanagement in der Vinzenz Gruppe und als Geschäftsführer einer Nonprofit-Organisation angeeignet hat. Die theoretischen Erklärungen basieren auf der Organisationsentwicklung, der Existenzanalyse und der ignatianischen Spiritualität.

Der Autor zeigt Prozesse und Methoden auf, wie eine werteorientierte Führungskultur konkret umgesetzt werden kann und veranschaulicht die theoretischen Ansätze anhand von Praxisbeispielen.

Rainer Kinast

Werteorientierte Führungskultur

Theorie und praktische Umsetzung

2. Auflage, 2023
Kartoniert/Broschiert, 172 Seiten
27,00 €
ISBN 978-3-7841-3587-8

Wert mal praktisch

Das Verhältnis zwischen Arbeitgebern und Mitarbeitenden besteht aus einem Geflecht gegenseitiger Erwartungen und Verpflichtungen. Aufgrund des kirchlichen Charakters der Caritas und der Diakonie ist das Verhältnis zwischen Arbeitgeber und Arbeitnehmenden durch spezifische Spielregeln geprägt. Die Ausbalancierung dieser gegenseitigen Erwartungen und Verpflichtungen befindet sich seit längerer Zeit in einem grundsätzlichen Wandel. Das Buch beschreibt Grundlagen für diesen notwendigen Aufbruch und nimmt sich dieser Aufgabe aus einer praktischen Perspektive an. Im ersten Teil unterstreicht das Autorenteam in einer theoretischen Hinführung die Bedeutung dieses Themas. Im zweiten Teil werden bestehende Handreichungen und Arbeitsmaterialien, die in verschiedenen Einrichtungen entwickelt und bereits erprobt wurden, kurz vorgestellt.

Bruno Schrage, Leonie Jedicke, Anna Kohlwey, Boris Krause, Martin Stockmann

Wert mal praktisch

Christliche Caritaskultur professionell gestalten

1. Auflage, 2022
Kartoniert/Broschiert, 90 Seiten
22,00 €
ISBN 978-3-7841-3470-3